教養としての四字熟語

これであなたの日本語力は
飛躍的にアップ！

日本語研究倶楽部

ロング新書

目次

1章 現代文のテーマワード

2章 論理関係を表すワード

3章

特徴のある四字熟語

●日本語特有の表現、漢字の成り立ちに特徴のあるもの 59

4章 中学までの基礎ワードを完全制覇 91

●超基礎だからこそ、あらゆる角度からチェック！

8章

マスターしておきたいことわざ・慣用句

1章

現代文のテーマワード

●本文のテーマがわかる読解ワード

以心伝心【いしんでんしん】

ことばによらずに、心や考えが通じあうこと。

ことばや文字を使わずに、互いの意志や気持ちが通じあうこと。

入試問題では、「日本語論」「日本文化論」などでよく出題される。「ことばによらずに」というところがポイント。

【訓読】『心を以《もっ》て心に伝う』

【類】「暗黙の了解」も同意。

【わかる例文】 目を見るだけで以心伝心、彼の想いが伝わってくる。

不言実行【ふげんじっこう】

あれこれ言わず、黙って実行すること。

文句や理屈など、余計なことを言わずに、黙って実際に行動すること。

言語による表現を重視しない、日本語の特徴を表す語として「日本文化論」や「日本言語論」の文章によく出てくる。

【関連】「沈黙は金」も日本人には好まれることば。

【わかる例文】 不言実行の彼は、周りの人から信頼されていた。

異口同音【いくどうおん】

全員が口をそろえて同じことを言うこと。

話す口が異なる、つまり話す人は違っても、言うことは同じという意味。ここから、①大勢の人が口をそろえて同じことを言う。②みんなの意見が一致して賛成すること。

「異口」は「いこう」とも読む。

異「句」同音の間違いが多い。

【反】⇕「十人十色《じゅうにんといろ》」

【わかる例文】 参加者は、異口同音に彼の偉業をたたえた。

「日本の言語のポイント」

日本人は、言語によるはっきりした表現を嫌う傾向にある。これは島国の伝統国家として「同質性」の強い社会だからである。

これに対し、西洋のように、異なる民族が複合的に国家を形成する社会では「強い自我意識」→「言語によるはっきりした意志表示」という図式が成立する。契約社会と言われるのも言語を重視するからである。

入試問題では、日本と西洋が「対比的」に記述され、かつ文化論や日本社会に関連した出題が超頻出。

和洋折衷【わようせっちゅう】

日本の様式と西洋の様式とをあわせもつこと。

日本と西洋の様式が混在している日本文化の明治以降の状態をさす。明治の近代化によって生まれた独特の文化様式。建築物や生活様式などによく使われる。

入試問題では、「日本文化論」によく出題される。「折衷」は、両者の長所をほどよく取り入れること。

【わかる例文】駅で売っている弁当には、和洋折衷の物がよくある。

和魂漢才【わこんかんさい】

日本固有の精神のままで中国の学問を活用する。

「和魂」は日本固有の、日本人が持っている伝統的な精神で、「漢才」は中国から伝わった学問のこと。

平安時代の貴族が、中国の学問を学んでも日本の心を忘れないようにと、戒めの意味でつくった。

【類】「和魂洋才」は、明治の近代化で生まれた語。

【わかる例文】遣唐使は、和魂漢才の日本文化の発展に貢献した。

文明開化【ぶんめいかいか】

文明によって世の中が開け、進歩すること。

明治初期の日本の近代化や欧化主義の風潮のこと。

日本の場合、文明開化＝近代化＝西洋化の関係にあることがポイントになる。

漱石や鷗外の文学も、この脈絡で理解されるべきものである。

漢字は「開花」の間違いに注意。

【わかる例文】明治の日本に、文明開化の波が押し寄せた。

「日本の近代化」

日本の場合、欧米諸国と異なり、内からの変革の形での近代化がなされず、西洋からの影響によるところが大きかった（外発的な近代化）。

この急速な近代化のため無理が生じ「明治の知識人の苦悩」が始まるのである。

漱石や鷗外が、文学史で評価される理由も、彼らが近代化の未熟な日本に生き、しかも「前近代」を背負った人間たちであったことに由来する。

則天去私【そくてんきょし】

天の意に従って、自己本位な態度を捨て去る。

小さな「私」を捨てて、より高い立場からものごとを考えようとする態度。作品には登場していないが、晩年の漱石が達した境地と言われる。

入試問題では、書き下し文と意味の双方が出題されている。

【訓読】『天に則《のっと》り私を去る』

【わかる例文】修善寺での大患を経て、晩年の漱石は、則天去私の境地に達したと言われている。

低回趣味【ていかいしゅみ】

夏目漱石の文学的態度のキーワード。

悲観することなく、余裕のうちに人生を見つめ、東洋的な詩境にふける文学的な態度のこと。

世俗を離れ、自然や芸術にのんびりひたる生き方をいう。漱石の造語。「低回」は「低徊」とも書き、もとはさまよい歩くことをいう。

【わかる例文】漱石の低回趣味が最もよく現われているのが、未完の長編『明暗』だと言われている。

花鳥諷詠【かちょうふうえい】

花鳥風月を詩に詠むこと。

花や鳥などの、自然のありさまを客観的に詠じることをいう。

ホトトギス派の俳句の基本理念であり、主観を排した純客観写生を理想としている。高浜虚子《たかはまきょし》が提唱した。

俳句などの文芸論に超頻出の重要ワード。

【類】「花鳥風月」

【わかる例文】自然に没入し、純粋に花鳥諷詠を心掛けて俳句を詠む。

文学論では漱石、鷗外が重要

ここでは漱石の文学のキーワードとして「低回趣味」と「則天去私」の二つをあげた。さらに「個人主義」「エゴイズム」なども重要。

ここで鷗外の文学における「諦念」「高踏的」「傍観者的態度」にも注意しておこう。

ふたりに共通するのは、近代と前近代との間のジレンマである。

また「花鳥諷詠」は、俳句、短歌などの評論文でよく出てくる。「高浜虚子」「ホトトギス」と関連づけて記憶しておくこと。

不易流行【ふえきりゅうこう】

変化と不変は本質的に同じだということ。

「不易」は、時代が変わっても、変わらないこと。「流行」は、変化していくこと。

「不易流行」は、常に変化することが不変の本質であり、変化と不変は同じものとする考え。これが芭蕉の俳諧の基本理念になっている。

【わかる例文】 月日は旅人であるとする『奥の細道』にも、不易流行に考えが表れている。

勧善懲悪【かんぜんちょうあく】

善を勧め、悪を懲らしめること。

「勧善」は、善いことを勧めること。「懲悪」は、悪を懲《こ》らしめるという意味。テレビの「水戸黄門」を思い浮かべるとわかりやすい。近代化以前の文学を指して使われるが、一般に、芸術的、文学的価値は低いとされる。

文学評論で「勧善懲悪の小説」などとしてよく使われる言葉。

【わかる例文】「勧善懲悪もの」の時代劇ドラマが人気を博している。

言霊信仰【ことだましんこう】

ことばに霊魂が宿るという考え。

もともとは、ことばに霊魂が宿るという意味である。前近代社会では、ことばの中には、霊魂が宿っており、ことばに表したことは、必ず実現するものと考えられた。
宗教の原始的《プリミティブ》形態と考えられている。試験問題の頻出テーマである宗教や神にからんだ問題ではよく出題されている。言語論、文学論を通じて頻出のワード。

因果応報【いんがおうほう】

原因に応じた報《むく》いが必ずあること。

良い原因からは必ず良い結果が、悪い原因からは必ず悪い結果や報いが生ずるということ。

過去および前世の原因となる行為に応じて、果報《かほう》があるという意味。果報は、結果や報いのこと。

【類】「自業自得」「身から出た錆《さび》」「輪廻転生」

【わかる例文】誠意のない彼が友人を失ったのは、因果応報だ。

輪廻転生【りんねてんせい】

人が生まれては死に、死んではまた生まれ変わること。

「輪廻」は、車輪が回転し続けること。「転生」は、生まれ変わること。

ここから車輪が回転するように、生死を繰り返していくこと。

仏教の世界観は、転生を繰り返す環状のものであるが、キリスト教の世界観は、生から死への直線であることに注意。

【わかる例文】その僧は、輪廻転生の理《ことわり》を説いた。

諸行無常【しょぎょうむじょう】

この世のあらゆるものは、常に移り変わること。

人生のはかなさを嘆く場合によく使われる。

仏教の人生観で、この世は常に移り変わっていくことを表した語として出てくる。

「盛者必衰《じょうしゃひっすい》」は、盛える者もいつか必ず衰えるということ。

【類】「栄枯盛衰」「有為転変《ういてんぺん》」

【わかる例文】古い都を歩いていると、諸行無常の想いがわいてくる。

盛者必衰【じょうしゃひっすい】

勢い盛んな者は必ず衰えるということ。

勢いの盛んな者は、いつか必ず衰える。そこから世の無常さを表す語としても用いる。

『平家物語』序文に「祇園精舎《ぎおんしょうじゃ》の鐘の声、諸行無常《しょぎょうむじょう》の響きあり、沙羅《さら》双樹《そうじゅ》の花の色、盛者必衰の理を表す」とあることで有名。

【わかる例文】盛者必衰のことば通り、業界一の大企業が危機に追い込まれている。

画竜点睛【がりょうてんせい】

物事を完成させるための、最後の仕上げ。

壁に描いた竜の絵に、最後に睛《ひとみ》を書き入れると、天に昇ってしまったという故事から。物事の欠かすことのできない部分。また、それを加えることで完成する最後の仕上げ。

一般に、「がりゅう」とは読まない。「画竜点睛を欠く」の使い方に注意。

【反】⇕「完全無欠」

【わかる例文】その小説は、結末の描写に失敗し、画竜点睛を欠いた。

同工異曲【どうこういきょく】

見かけは違うが、実質は同じもの。

音楽や詩などで、技巧や作りが異なっているため、見かけは違って見えるが、実際の内容は同じであること。「工」は「巧」と同じ。

入試問題では、芸術論などで出題が多く、否定的な意味で使われることが多い。

【類】「大同小異」「換骨奪胎《かんこつだったい》」

【わかる例文】最近の推理小説には、同工異曲のものが多い。

換骨奪胎【かんこつだったい】

形式や着想を換えて自分のものにすること。

「骨」は形式やスタイルのこと。骨をとりかえ、実質を奪って自分のものにしてしまうということ。

古いものに新しい工夫をこらして再生すること。古人の詩文の形式や着想をまねて自分の作品を作ること。

【訓読】『骨を換え胎を奪う』

【わかる例文】 この小説は、漱石の小説と類似する点が多く、換骨奪胎の評を免れない。

天衣無縫【てんいむほう】

技巧を凝らさずに、そのままで美しいこと。

天女の衣服には縫い目がないということから、

①文章や詩歌が、技巧をこらしていないのに、自然のままで完璧に美しいこと。

②人柄などが無邪気で素直なさま。

【類】「天真爛漫」「純粋無垢」

【わかる例文】 その画家の作品は、荒削りだが、天衣無縫の作風に才能を感じる。

時代錯誤【じだいさくご】

時代遅れ。アナクロニズム。

時代の流れにあわない物事の考え方を批判して言う。時代は新しくなっているのに、昔のままの古い考えにとらわれて、前に進めないというニュアンスがある。

「錯誤」は、事実と認識とのくい違い、取り違えをさす。入試問題では、アナクロニズムという表現も大事。

【わかる例文】 今時、学校で丸刈りを強制するなんて、時代錯誤だ。

旧態依然【きゅうたいいぜん】

昔のままで進歩のないこと。

昔から、少しも変わらないこと。体質や形式などが古い状態のままで、少しも変化や進歩がないこと。漢字は、「旧体」や「以前」の間違いに注意。

【類】「十年一日《いちじつ》」「いちにち」も可。

【反】⇕「日進月歩」は、日ごと月ごとに進歩すること。

【わかる例文】 日本の文部省の体質は、旧態依然のままである。

温故知新【おんこちしん】

古いことを研究して、新しい知識を発見すること。

昔のことを調べたずねて、その中から新しい見解や知識を得ること。

ただ古典や伝統を調べるだけではなく、その中から新しい価値を再発見して、現在に生かそうとすること。

【訓読】『故《ふる》きを温《たず》ねて新しきを知る』

【わかる例文】 歴史の経験を現代に役立てるためには、温故知新の心構えが大切だ。

故事来歴【こじらいれき】

物事の起源や歴史のこと。

古くからある物事の、起源からたどった過程や歴史。物事のいろいろな由来や因縁のこと。

「故事」は、昔から伝わる事柄のこと。「来歴」は、ある事物がたどってきた経歴のこと。

【類】「由緒」「由来」

【わかる例文】 奈良や京都の寺の故事来歴を調べて歩くと、歴史の流れを実感する。

一知半解【いっちはんかい】

未熟で不完全な知識しかないこと。

ひとつのことに対する知識を、中途半端にしか理解していないこと。知識が十分に自分のものになっておらず、不完全であること。なまかじりの知識。

【同】「半可通《はんかつう》」「半知半解」

【わかる例文】その程度の知識しかないのなら、君も一知半解だとしか言えない。

博覧強記【はくらんきょうき】

多方面の書物を読んで、知識が広く豊かなこと。

「博覧」は、広く書物を読んで物知りであること。「強記」は、記憶力が良いこと。

【類】「博学多才」は、いろいろな方面に能力や才能があること。

【反】⇔「浅学非才」は、学問自体が浅いこと。「無知蒙昧《むちもうまい》」

【わかる例文】彼は江戸時代の文学について、博覧強記の人物である。

汗牛充棟【かんぎゅうじゅうとう】

蔵書がたいへん多いこと。

書物を車に乗せて牛に引かせると、牛が汗をかくほどで、家で積み上げると、高いところにある棟木《むなぎ》に届くほどであるというところから、書物の数が非常に多いことをたとえたもの。

本好きの人に対して使われる。

【わかる例文】高校の国語の先生は大変な読書家で、書斎は汗牛充棟の蔵書でいつもあふれていた。

曲学阿世【きょくがくあせい】

学問の真理を曲げて、世間にこびること。

正しい学問の態度を無理に曲げて世の中に迎合し、気にいられようとすること。

前漢の轅固生という老学者が、後進の公孫弘にさとした話にもとづいている。世の人々に媚《こ》びる学問のありかたを批判したもの。

【訓読】『学を曲げて世に阿《おもね》る』

【わかる例文】近頃は、曲学阿世の徒に成り下がった学者が多い。

森羅万象【しんらばんしょう】

この世のすべての現象。

天地の間に存在し、また新たに生じたりするすべての事物や自然現象をさす。「森羅」は無数に並び連なること。「万象」はあらゆる物事の形。「象」は像の意味で、姿、形、現象などをさす。「有象無象《うぞうむぞう》」「自然現象」などにも使われる。

【わかる例文】 彼は博識で、まるで宇宙の森羅万象のすべてを知りつくしているかのようだ。

天変地異【てんぺんちい】

自然現象による災害や異変。

「天変」とは、台風・雷・月食などの気象上の異変。「地異」とは、地震、噴火などの地上の異変。天に現われる異変と、地上に起こる異変をさす。「天地の変異」を互い違いにした「互文」の表現形式であることに注意すると憶えやすい。

【同】「天変地変」

【わかる例文】 天変地異により大都市の機能が麻痺《まひ》した。

山紫水明【さんしすいめい】

自然の景色が美しいこと。

自然の景色が清らかで美しいこと。日の光に照らされて、山は紫に、川は清らかで澄んで見えること。

山奥の美しい景色を象徴する言葉で「山紫水明の地」などと使われる。

【類】「白砂青松《はくしゃせいしょう》」。「風光明媚」は、たんに景色が美しいこと。「深山《しんざん》幽谷《ゆうこく》」は山奥であること。

【わかる例文】こんな山紫水明の地で老後を過ごしたい。

2章

論理関係を表すワード

●四字熟語から理論の展開を読み解く

起承転結【きしょうてんけつ】

漢詩の絶句の構成法の一つ。

「起」で話題を起こし、「承」でそれを受け、「転」で視点を転じて変化を出し、「結」で全体を結ぶ構成のこと。

文章の一般的な構成法のひとつである。詩や演劇の構成によく使われ、感動を与える表現に適しているが、小論文などの論理的な文章にはなじまない、とされる。

【わかる例文】彼女は、起承転結のはっきりとした文章を書く。

三段論法【さんだんろんぽう】

論理学の推論の形式の一つ。

二つの前提（①大前提、②小前提）を設定し、そこから共通の概念をもって、③結論を導きだす方法のことで、例文にあるように、必ずしも理屈にあった、合理的な結論になるとは限らない点に注意。

【わかる例文】①「クレタ人はウソつきである」（大前提）②「彼はクレタ人である」（小前提）故に③「彼はウソつきである」（結論）

甲論乙駁【こうろんおつばく】

議論がいろいろと出て、結論がまとまらないこと。

「甲」が論じ「乙」が反対するという意味で、互いに議論しあい、結論がまとまらない状態をいう。対立がはげしいというニュアンスを含む。

「駁」の読み方に注意。

【類】「百家争鳴」「議論百出」「諸説紛紛《ふんぷん》」「侃侃諤諤《かんかんがくがく》」

【わかる例文】 彼が出てくる会議はいつも甲論乙駁となり、結論が出たためしがない。

議論のためのワード

論証の形式としては、まず「演繹《えんえき》」と「帰納《きのう》」のふたつが重要となる。「三段論法」は、必ずしも合理的であるとはかぎらないことに注意。

これらに対し、「起承転結」は、構成の形式を示すワードであり、論理や論証形式とは直接は関係がないので、区別すること。

また「甲論乙駁」「百家争鳴」などは、単に議論のある状態を表すワードである。

二律背反【にりつはいはん】

二つのことが、同時に成立できない。

同一の前提から導かれた二つの判断が、互いに矛盾し、対立したりして、同時に成り立たない状態のこと。ドイツ語（アンビバレント）の訳語でもともとは哲学用語。「二者択一」「矛盾撞着」など、類似のワードとの違いを明確にしておくこと。

【わかる例文】彼女との結婚を取るか、別れて家庭に戻るか、彼は二律背反の思いに悩んだ。

主客転倒【しゅかくてんとう】

本来の立場や順序が逆転してしまうこと。

「主客」は、主人と客人。ここから主体と客体を意味する。本来あるべき立場や順序などが逆転してしまうこと。論理の矛盾や、不合理を指摘するときに使われることば。

「主客」は「しゅきゃく」とも読む。

【類】「本末転倒」は、本来の目的を取り違えること。

【わかる例文】先生が生徒に教えられるなんて、主客転倒だ。

矛盾撞着【むじゅんどうちゃく】

物事のつじつまがあわないこと。

「矛盾」も「撞着」も、事の前後がそろわず、つじつまがあわないこと。「矛盾」は、何でも突き通す矛《ほこ》と、何でも防ぐ盾《たて》とを売っていた男が、その矛でその盾を突いたらどうなるのか、と言われて答えに窮したという故事からきている。

【わかる例文】 成績が悪いと嘆きながら、遊んでばかりいるなんて、矛盾撞着している。

支離滅裂【しりめつれつ】

論理がばらばらで筋道の立たないこと。

「支離」は、分かれ散ること。「滅裂」は、破れ裂けて形がなくなること。ここから、統一がなく、ちりぢりばらばらになること。とくに文章や議論などの筋道につながりがなく、訳がわからないことをいう。

【反】 ⇔「理路整然」

【わかる例文】 彼女の主張はしばしば支離滅裂で、意味不明のため理解に苦しむ。

試行錯誤【しこうさくご】

目的の達成のために、試みと失敗とを繰り返すこと。

「試行」は、試みに行なうこと。「錯誤」は、誤り、取り違い。元来は心理学用語で、英語の「trial and error」の訳語。入試問題では、空欄補充の選択肢によく出題される。

【わかる例文】①試行錯誤しながら、一歩一歩問題の核心に迫っていく。②最初の見通しが甘かったのか、彼は相変わらず試行錯誤のし通しだ。

二者択一【にしゃたくいつ】

二つのもののうち一方を選ぶこと。

「択」は、選ぶこと。黒か白か、イエスかノーか、どうしても二つのうち一つを選ばなくてはならないこと。選択の結果、他は排除される。

【類】「取捨選択」は、良いものは取り、悪いもの、不必要なものは捨てることで、使い方が異なる。

【わかる例文】彼女は結婚するか、仕事を続けるか、二者択一を迫られている。

取捨選択【しゅしゃせんたく】

必要なものと不要なものを選び分けること。

多くのものの中から、条件にあった良いものを取り、悪いものを捨てること。

【類】「二者択一」では、選択すべきものが二つしかない。また、「取捨選択」では、選び出すのは一つとは限らない。

【わかる例文】受験参考書はいろいろあるが、取捨選択して自分に最もあったものを選ぶのがよい。

首尾一貫【しゅびいっかん】

始めから終わりまで、一つの考えで貫き通すこと。

方針や態度などが、始めから終わりまで変わりなく、一貫性があること。筋が通っていること。

「首」は、始めのこと、「尾」は、終わりのことであるから、「首尾」は、始めから終わりまでのこと。

【類】「徹頭徹尾」「終始一貫」

【わかる例文】 彼は生涯を通じて、首尾一貫、ダム建設に反対した。

徹頭徹尾【てっとうてつび】

始めから終わりまで、あくまでも貫きとおすこと。

「徹」は、とおす、とおるの意味。頭から尾まで、貫きとおすという意味から。始めから終わりまで、一つの方法、考え方、方針などをあくまでも貫きとおすこと。

【類】「一部始終」は、始めから終わりまでのことで、ニュアンスが異なる。「終始一貫」「首尾一貫」

【わかる例文】 彼は徹頭徹尾、自分の主張を貫いた。

理路整然【りろせいぜん】

話や考えの筋道がきちんと整っていること。

「理路」は、物事の道理のこと。「整然」は、きちんと整っていること。ここから、話や考えの筋道がきちんと整っていること。

整っていることに、意味の中心があり、必ずしも一貫しているとのニュアンスは含まない。

【反】⇕「支離滅裂」

【わかる例文】先生は、問題の本質を理路整然と説明した。

最重要・論理関係のワード

四字熟語も日本語のワードであり、思考を表すことに変わりはない。

入試などでは、論理的な思考力をみるところに出題の主眼があるので、ここでは、まず①矛盾、対立を表すワードが重要であり、②選択や、論証形式のワード、③論理や主張に関するワードが重要になる。

「二律背反」と「矛盾撞着」など、ニュアンスと「意味」のちがいを明確にしておくことが、思考力のアップにつながり、日本語の記述力を高めることになる。

意味深長【いみしんちょう】

言外にほかの意味を含むこと。

ことばなどの内容が奥深く、意味深いこと。発言や文章の表面上の意味とは別の深い意味が隠されていること。

書くときに、「慎重」や「深重」と間違えやすいので要注意。

【類】「含みがある」「含蓄がある」

【わかる例文】正直な彼が珍しく意味深長なことを言った。何か事情がありそうだ。

片言隻語【へんげんせきご】

ほんのわずかなことば。

「片言」は、ひとことふたことの簡単なことば。「隻語」は、わずかなことばのことで、ほとんどおなじ意味になる。隻語の読みに注意すること。

【類】「片言隻句」「一言半句」など、類語が多いが、みんなおなじ意味である。

【わかる例文】大好きな英語の先生の授業では、片言隻語も聞き漏らさない。

金科玉条【きんかぎょくじょう】

何よりも大切な決まり。

「金玉」は、大事なもの。「科」も「条」も法律のこと。大事な法律、規則のこと。守るべきもっとも大切なきまりのこと。

「金玉科条」と書かないこと。

【類】「座右《ざゆう》の銘」は、自分自身の拠《よ》ってたつ心構えを示すもの。

【わかる例文】 合格できたのは、先生のことばを金科玉条として守ってきたからだ。

巧言令色【こうげんれいしょく】

上手な物言いと、あいそのよい顔つき。

ことばを飾り、表情をやわらげて、相手に気に入られようとお世辞を言い、媚《こ》びへつらうこと。真心がこもっていない時に使うことば。

『論語』の孔子のことば「巧言令色鮮《すくな》し仁」が有名。

【訓読】『言《げん》を巧みにし、色を令《よ》くす』

【反】 ⇕ 「剛毅木訥《ごうきぼくとつ》」

【わかる例文】 男の巧言令色にだまされて、大金を失った。

空理空論【くうりくうろん】

理論が現実からはなれたものであること。

理論に裏付けがなく、現実から離れていて、実際には使えないこと。理論に実体がないこと。

【類】「画餅《がべい》」は、絵にかいた餅のことで、実現性がないこと。「机上の空論」「空中楼閣」「砂上楼閣」

【わかる例文】 その学者は、自分の学説を、得意満面で発表したが、内容は空理空論にすぎないものだった。

事大主義【じだいしゅぎ】

自分の考えをもたず、強いものに迎合すること。

確固たる信念や主張をもたず、そのときどきの勢力者に付き従う態度や考えのこと。「事」は、仕えること。「事大」で、強い者に仕えること。

【類】「よらば大樹（の陰《かげ》）」

【わかる例文】 ①個性の時代をむかえ、事大主義も少しずつ過去のものとなりつつある。②首相の事大主義に振り回されるのはもうごめんだ。

誇大妄想【こだいもそう】

おおげさに空想して事実と思い込む。

自分の現在の状態を、実際よりもはるかにおおげさに空想して、それを事実のように思いこむこと。「誇大」はおおげさなこと。「妄想」は、根拠がないのにみだりに想うこと。

【類】「針小棒大」は、些細なことを大きく言うこと。

【わかる例文】 彼は、自分がキリストの再来であるとの誇大妄想にとらわれている。

実体のない「理論」を表すワード

「空理空論」は、考えに、論理の前提や実体がないこと。「机上の空論」や「画餅」(画に描いた餅)は、実現性がないこと。「誇大妄想」は、単なる妄想であり、それにともなう現実がない。

これらは評論文で相手の主張に、根拠や現実性がないときの批判のワードとしてよく出てくる。

受験では空欄補充問題だけでなく、記述問題にもなりやすいので注意。

小論文では、空理空論に終わらないようにすることが大切である。

付和雷同【ふわらいどう】

自分の考えがなく、他人に同調すること。

自分の主義主張を持たず、人の言動につられて行動すること。わけもなく他人の意見に同調すること。「付和」は、他人に賛成すること。「雷同」は、雷の鳴る音に共鳴すること。

【類】「尻馬に乗る」「軽挙妄動」

【反】⇕「和して同ぜず」

【わかる例文】 戦時下に軍国主義に付和雷同してしまった民衆を責めることはできない。

唯唯諾諾【いいだくだく】

他人の意見に従うこと。

他人にさからわずに、何でもハイハイと言いなりになること。「唯」は、ハイの意味。「諾」は、よろしいと承諾すること。よく「優柔不断」と間違えやすいが、こちらは決断ができないこと。

【類】「阿諛追従《あゆついしょう》」「付和雷同」

【わかる例文】 唯唯諾諾として周囲の状況に従うだけではなく、時には自分の考えを持ちなさい。

優柔不断【ゆうじゅうふだん】

ぐずぐずしていて決断力に乏しいこと。

あれこれ悩んで、煮え切らないこと。決断力がないこと。

「優柔」は、はっきりしないこと。「不断」は、決断しないこと。否定的なニュアンスがあることに注意。

【類】「薄志弱行」「優遊不断」

【反】⇕「即断即決」

【わかる例文】彼女の買物に付き合うのは疲れるよ。優柔不断でなかなか決まらないんだ。

我田引水【がでんいんすい】

自分の都合のいいようにすること。

自分の田に水を引き入れる意から、ものごとを自分に都合がよいように考えたり、口にしたり、取り計らったりすること。

【訓読】『我が田に水を引く』

【類】「自画自賛」「手前勝手」「牽強《けんきょう》付会《ふかい》」

【わかる例文】 彼女の我田引水の言動に、ボクはいつも振り回されてばかりいる。

牽強付会【けんきょうふかい】

無理にこじつけること。

道理にあわないことを自分に都合がいいように、無理に理屈づけること。「付会」は「傅会」とも書き、ばらばらのものを一つにまとめるという意味がある。批判的なニュアンスがあることに注意。

【類】「理非曲直《りひきょくちょく》」

【反】⇕「是々非々《ぜぜひひ》」

【わかる例文】 牽強付会な彼の蘊蓄《うんちく》は、いつも眉つばものである。

大義名分【たいぎめいぶん】

建前となる理由や道理。

「大義」は、国家や君主に対して尽くすべき道義のこと。「名分」は、身分を示す名に応じて果たすべき道徳上の本分のこと。本来は人間として守るべき道のことだが、現在では建前により、無理に現実の行動を正当化しようとするニュアンスがある。

【わかる例文】日本経済の活性化という大義名分のもとに、環境破壊がどんどん進められている。

傍若無人【ぼうじゃくぶじん】

だれもいないかのように、勝手気ままにふるまうこと。

まるで、傍《かたわ》らに人がいないかのように、思いのままに振る舞うこと。漢字も頻出。書き下しの文が書けるようにしたい。現在では、批判的なニュアンスで用いられる。

【訓読】『傍《かたわら》に人無きが若《ごと》し』

【類】「傲岸不遜《こうがんふそん》」は、ひとに対する不遜な態度のことで、意味がちがう。

【わかる例文】 たとえ旅先でも、傍若無人なふるまいは慎みたい。

荒唐無稽【こうとうむけい】

言うことがでたらめで、根拠のないこと。

話の内容に根拠がなく、ばかげていること。「荒唐」は、中身がなく、でたらめであること。「無稽」は、考え方に根拠がないこと。

ここから、でたらめで非現実的であることを言う。

【類】「破天荒《はてんこう》」

【わかる例文】 セルバンテスの『ドン・キホーテ』は、荒唐無稽な話だが、たしかにおもしろい。

奇想天外【きそうてんがい】

思いもよらない奇抜なこと。

「奇想」は、めずらしい考えのこと。「天外」は、天の外で、ふつうではとても思いも寄らないような、突飛で奇抜な考えや行動のこと。

『奇想、天外より落つ』の略。

【類】「斬新奇抜《ざんしんきばつ》」は、似ているが新しさに意味の力点がある。

【わかる例文】今年度の受賞作品は、奇想天外な空想推理小説だ。

前代未聞【ぜんだいみもん】

それまでに聞いたことがないこと。

今まで聞いたことがないほど、珍しいこと。また大変なこと。あきれた、というニュアンスで使われることが多い。

【訓読】『前代に未だ聞かず』

【類】「空前絶後」「未曾有《みぞう》」

【類】「破天荒《はてんこう》」は、前例がないことを成し遂げること。

【わかる例文】今回の事件は、前代未聞の不祥事であった。

当意即妙【とういそくみょう】

その場に応じた、すばやい機転や反応ができること。

「当意」はその場ですぐ考えたり工夫したりすること。「妙」には、言いようがないほど優れている、という意味がある。「絶妙」の「妙」。

その場にうまく適応して、即座に機転をきかせ、巧みな技をだすこと。

【類】「軽妙洒脱《けいみょうしゃだつ》」は、洒落《しゃれ》ていること。「臨機応変」

【わかる例文】 彼女の当意即妙の受け答えには、舌をまく。

臨機応変【りんきおうへん】

時と場所に応じて、適切な処置をすること。

「臨機」は、時と場所に臨むこと。「応変」は、変化に応じること。ここから、その場に応じて物事を適切に処理すること。英語の「フレキシブル」とほぼ同意。

【訓読】『機に臨《のぞ》み変《へん》に応ず』

【類】「変幻自在」は、自在に変化すること。

【わかる例文】 災害のときには、臨機応変の対応が大切である。

夏炉冬扇【かろとうせん】

時季はずれで役に立たない、無用のもの。

「夏の火鉢」と「冬の扇」のこと。季節はずれで役に立たないことから、その場に似合わない無用のものをさす。また役に立たない人や意見なども意味する。「冬扇夏炉」ともいう。

【類】「月夜に提灯《ちょうちん》」は、役に立たない無用なもの。

【わかる例文】今時、そんなに古いやり方では、夏炉冬扇のそしりを免れない。

閑話休題【かんわきゅうだい】

それはさておき。

「閑話」は、これといった主題や目的のない、とりとめのない無駄ばなしのこと。「休題」は、話すことをやめること。ここから、本筋、本論からそれている話を、もとに戻すときに使うことば。

「閑話」は「間話」とも書く。

【わかる例文】閑話休題、そろそろ今日のテーマに入りたいと思います。

単刀直入【たんとうちょくにゅう】

いきなり本論に入ること。

もとは、一振りの太刀を手に、たった一人で敵陣に切り込むこと。ここから前置きや挨拶を抜きにして、直接本論に入り、核心をつくこと。

「短」刀直入としないように。

【類】「歯に衣《きぬ》着せず」は、率直にはっきりいうこと。

【わかる例文】長々と前置きを話して説明するよりも、単刀直入に話したほうが理解しやすい。

言語道断【ごんごどうだん】

もっての外《ほか》であること。

ことばには言い表せないほどに、程度がひどいこと。ことばで表現できないほどのという、強い否定の立場のニュアンスがある。もとは仏教語で、「ことばで説明する道を断つ」の意味。この「道」は、方法のこと。「言語」の読みに注意。また、言語「同」断としない。

【わかる例文】 政治家が賄賂を受け取るとは、言語道断だ。

曖昧模糊【あいまいもこ】

はっきりせず、ぼんやりしていること。

「模糊」は、ぼんやりしていること、物事の本質や実体がはっきりしないこと。当事者が、責任逃れをするときに使うことば。

「曖昧」の漢字を間違えないように。「味」にしないこと。『戯作三昧《げさくざんまい》』（芥川龍之介の作品）

【反】⇕「一目瞭然」「明明白白」

【わかる例文】 問題の本質は、依然として曖昧模糊としている。

暗中模索【あんちゅうもさく】

どうしていいか分からずあれこれやってみること。

暗がりの中での手探りから、手掛かりのないものをいろいろと探し求めたり、見当もつかないままに、いろいろやってみること。試験では、「模索」の漢字がよくでる。

【類】「五里霧中」は、手がかりがつかめず、方針や見込みが立たないこと。「試行錯誤」

【わかる例文】 いつの時代も若者の青春は、暗中模索の日々である。

五里霧中【ごりむちゅう】

手がかりがつかめず、方針・手段が決まらないこと。

五里四方、霧の中に立たされて方角を失うことから、手がかりがなくどうしようもないこと。霧が深くて、方角がわからないこと。

そこから物事の手がかりがつかめず、困惑している状態。

【訓読】『五里霧の中』

【類】「曖昧模糊」「暗中模索」

【わかる例文】 突然ふりかかった難題に、五里霧中のまま困惑する。

雲散霧消【うんさんむしょう】

物事があとかたもなく消えること。

雲のように散り、霧のように消えて、あとかたもなく姿が消えてしまうこと。影も形もなくなってしまうこと。雲散「無」消としないように。「霧」のつく語の「五里霧中」とセットで憶えると記憶しやすい。意味のニュアンスは反対であることに注意しよう。

【わかる例文】 本当のことを知って、恋人への不信感が雲散霧消した。

疑心暗鬼【ぎしんあんき】

疑い始めると、つまらぬことまで怖くなること。

「鬼」は幽霊のこと。疑う心が強くなると、ありもしない亡霊の姿まで見えてくる。

つまり疑う心の強いあまり、何でもないことにまで不安を感じたり、恐ろしくなったりすること。

【類】「揣摩臆測《しまおくそく》」

【わかる例文】 恋人に裏切られた彼女は、疑心暗鬼になり、人間不信に陥ってしまった。

半信半疑【はんしんはんぎ】

信じる気持ちが半分。疑う気持ちがもう半分。

本当かどうか信じきれず、ものごとの判断に迷うこと。信じる気持ちは半分あるのだが、疑いも半分持っている状態。

【訓読】『半ば信じ半ば疑う』

【類】「疑心暗鬼」は、疑う気持ちの方が強い。

【わかる例文】 第一志望に合格したという知らせに、私は半信半疑であった。

虚虚実実【きょきょじつじつ】

計略を尽くしたかけひき。

互いにうそと真実を取り混ぜて、策略を尽くし、相手のすきをねらって必死で戦うさま。交渉ごとで、相手の腹を読み合うこと。「虚」は、備えのすき。「実」は、備えが堅いこと。「虚実」を強めたことば。「虚虚実実のかけひき」と使われる。

【わかる例文】　学者肌の彼には、虚虚実実の実業界は向いていなかったようだ。

3章

特徴のある四字熟語

●日本語特有の表現、漢字の成り立ちに特徴のあるもの

竜頭蛇尾【りゅうとうだび】

始めは勢いがよく、終わりがふるわないこと。

頭は龍であるが、尾は蛇という意味から、始めは勢いが盛んであるが、終わりになるとさっぱりふるわないことのたとえ。頭でっかちで、尻すぼみになること。

「竜頭」は、「りょうとう」とも読む。

【類】「尻切れとんぼ」

【わかる例文】 校則の廃止運動も、署名集めだけで、結局は竜頭蛇尾に終わった。

羊頭狗肉【ようとうくにく】

見せかけと実物とが一致しないこと。

羊の頭を看板に掲げておいて、実は犬の肉を売ること。見せかけと実物とが一致しないこと。見かけだけ立派で、実質が伴わないたとえ。

『羊頭を懸けて狗肉を売る』の略。

【類】「有名無実」は、権威だけで権力や実力がともなわないこと。

【わかる例文】 ブランドものだと宣伝していながら、実は偽物を売っていたとは羊頭狗肉である。

馬耳東風【ばじとうふう】

人の言うことを聞き流して、心にかけないこと。

馬の耳に東風が吹いても、馬は何も感じないことから、①人の意見に耳を貸さず、心にも留めないこと。②何を言っても、少しも反応がないこと。

【類】「馬の耳に念仏」「蛙のつらに水」「柳に風」「犬に論語」

【わかる例文】 何度言ってもこの子には馬耳東風で、ちっとも勉強しない。

猪突猛進【ちょとつもうしん】

先行きを考えずに、がむしゃらに突き進むこと。

「猛」は、激しいこと。猪のように、左右をかえりみず、激しい勢いでまっすぐ突進する。

融通のきかない人が、先行きを考えずに、向こうみずに事を進めること。がむしゃら。

【類】「直情径行《ちょくじょうけいこう》」「匹夫之勇《ひっぷのゆう》」

【わかる例文】 彼女には一度思い込んだら、猪突猛進する傾向がある。

自画自賛【じがじさん】

自分で自分のしたことをほめること。

もとは自作の絵に、絵に関係のある内容の詩文を書いたことから。「賛」は絵のわきに書く詩文で、ふつうは他人に書いてもらうもの。ここから、自分に関することを自分でほめるという意味。「讃」とも書く。

【訓読】『自ら画き自ら賛す』

【類】「手前味噌《てまえみそ》」

【わかる例文】 この本は、作者の自画自賛に値するすばらしい出来だ。

自業自得【じごうじとく】

自分でやったことの報いを自分で受けること。

自分がなした悪事など、自分がしてしまったことの報いは、必ず自分自身が受けるという教え。もとは、仏教のことば。

「自業自縛」ともいう。

【類】「因果応報」「身からでた錆《さび》」「自縄自縛」

【わかる例文】 働きもしない男が、女房に逃げられ、会社も首になるのは、自業自得である。

自縄自縛【じじょうじばく】

自分自身の行動によって、動きがとれなくなること。

自分の縄で自分を縛ることから、自分自身の心がけや言動によって、動きがとれなくなり、苦しむことのたとえ。

「縄文時代」と同じように、縄は「じょう」と読むことに注意。

【類】「自業自得」「因果応報」

【わかる例文】 政治家が自分の公約のために、自縄自縛となることもある。

自暴自棄【じぼうじき】

やけになり、自分で自分をだめにすること。

大失敗をしたり、物事が自分の思うようにいかないことなどが原因で理性をなくし、やけになって自分で自分の身を持ちくずすこと。やぶれかぶれ。「自暴」は、自分で自分の身をそこなうこと。

「自暴自棄に陥る」などと使われる。

【類】「捨て鉢になる」

【わかる例文】 失恋したぐらいで自暴自棄に陥るんじゃない。

無為自然【むいしぜん】

手を加えない、あるがままの状態。

道家の教え。「無為」は、何も手を加えないこと。「自然」は、あるがままの状態をさす。何も人為を加えない、自然な状態を意味する。

西洋人とは対立的な、東洋人の自然観を表すワードで、自然や環境問題を扱う評論文によく出題される。

【反】⇔「人為」

【わかる例文】東洋思想には、根底に無為自然の哲学が流れている。

無味乾燥【むみかんそう】

おもしろ味がなく、味わいがないこと。

「無味」は、味わいがないこと。「乾燥」は、乾いていること。

味もそっけもないことで、文章や話の内容がつまらないときによく使われる。

入試問題では、「乾燥」の漢字の出題が多い。

【わかる例文】古典文法の勉強は、無味乾燥な内容が多くて、つまらない。

無我夢中【むがむちゅう】

何かに心を奪われ、我を忘れること。

物事に熱中して自分を忘れること。あることに心を奪われて夢中になり、他のことを一切気にかけないこと。「無我」はもとは仏教語で、己《おのれ》への執着を脱した状態にあること。

無我「無」中と書かないように。

【類】「一心不乱」「一意専心」

【わかる例文】 彼は是が非でも大学入試に受かるために、無我夢中で勉強に励んでいる。

無念無想【むねんむそう】

何も思わず、考えないこと。

無我の境地に入って、何も考えていないこと。

「無念」は、もとは仏教語で、無我の境地に入った状態。「無想」は、何も心に思わないこと。

「無想無念」ともいう。

【反】⇕「多情多恨」

【わかる例文】 修行僧たちが、無念無想の境地で参禅する姿に感銘を受けた。

「意気」のワード――「元気」と「気持ち」を表す

意気軒昂【いきけんこう】

意気さかんなこと。元気がある。

「意気」は意気ごみ、元気のこと。意気が盛んで、元気や勢いがあること。「軒」も「昂」も高く舞い上がること。「意気」を使ったワードは数多い。「意気」を「意気ごみ」と考えると、「意気」のつく四字熟語はわかりやすい。

【類】「意気揚揚」「意気衝天《しょうてん》」

【わかる例文】その政治家は、老いてもますます意気軒昂である。

意気揚揚【いきようよう】

ほこらしげに、得意になる様子。

気持ちが高揚し、いかにも誇らしげに振る舞う様子。威勢がよく得意になっている。

「揚揚」は、誇らしげな様子をいう。

【類】「鬼の首をとったように」「意気軒昂」「意気衝天」

【反】⇔「意気沮喪」「意気消沈」

【わかる例文】観衆の期待にこたえて優勝したレーサーは、意気揚揚として会場を引きあげた。

意気消沈【いきしょうちん】

元気がなくなり、沈んでいること。

「意気ごみ」が衰え、沈んでしまうこと。失敗や敗北などで、元気をなくして、しょげかえってしまうこと。「消沈」を、古い字で「銷沈」と書く場合もある。

【類】「意気沮喪」

【反】⇔「意気揚揚」「意気衝天」

【わかる例文】サッカーの試合に負けた少年たちは、意気消沈して帰路についた。

意気投合【いきとうごう】

互いに気がよくあうこと。

ここでの「意気」は、気持ちのこと。「投合」は、二つのものがぴったりあうこと。

そこから互いの気持ちや考えなどが、ぴったりと一致して親しくなること。

【類】「馬があう」

【わかる例文】結婚した彼女とは出会ったその日から、すっかり意気投合した。

一所懸命【いっしょけんめい】

物事に全力で取り組むこと。

一か所の領地を、命をかけて守ること。ここから、真剣に物事に取り組むこと。

中世の武士が、自分の領地は命にかえて守るべきものとして、「一所懸命の地」と言ったことにもとづいている。

近頃では「一生」も多く用いられるようになった。

辞書の多くが、「一生懸命」を許容しており、日常言語として定着しているが、小論文などでは「一所懸命」と書く方が無難である。

語源としては、「一所」が正しい。

漢字の試験で、設問が「イッショウケンメイ」としている場合は、設問にしたがって「一生」懸命とすること。

「懸」の漢字が正確に書けることが必要。

【訓読】『一所に命を懸ける』

【類】「一意専心」「一心不乱」

【わかる例文】 親が仕事に一所懸命に取り組んでいる姿は、子供たちに感銘を与えるものだ。

一意専心【いちいせんしん】

ひとつのことに心を集中すること。

他のことに心を奪われず、ひたすら一つのことのみに心を集中すること。「専心」は、そのことだけに心をそそぎ、熱心に行なうことで、「一意」も同じ意味。

【訓読】『意を一にし、心を専《もっぱ》らにする』

【類】「無我夢中」「一心不乱」

【わかる例文】 一意専心の努力こそが、夢を実現させる鍵となる。

一目瞭然【いちもくりょうぜん】

一目見ただけで、はっきりわかること。

「一目」は、ただひと目見ただけでの意味。「瞭然」は、はっきりよくわかること。ここから、一目でわかること。わかりきっていること。

「瞭然」は「了然」と書く時もある。

入試問題では、「瞭」は頻出漢字。「明瞭」の「瞭」である。

【わかる例文】 その交差点での交通事故が、運転手のミスで起きたことは一目瞭然であった。

一網打尽【いちもうだじん】

一度で、すべて取り尽くすこと。

もとの意味は、一つの網で魚をすべて取り尽くすこと。ここから、一度に悪人や罪人を、ひとり残らずとらえてしまうという意味が生まれた。「網」の漢字に注意し、間違えずに書けるように。

とらえる側、とらえられる側が何であるのかにも注意しよう。

【わかる例文】 暴走族は、警察によって一網打尽にされた。

一触即発【いっしょくそくはつ】

危機をはらんでいる状態。

互いがちょっと触れただけで、すぐに乱闘や戦争が起こりそうな、非常に切迫している危険な事態。二つのものの間の関係に使われるので、「危機一髪」などと区別すること。

【訓読】『一たび触るれば即ち発す』

【類】「危機一髪」「間一髪」

【わかる例文】 あそこでにらみ合っている二人は、今まさに一触即発の事態にある。

一念発起【いちねんほっき】

ある目的のために決心すること。

もとの意味は、仏道信仰の道に入ること。

今までの罪を悔い改めて、悟りを開こうと決心すること。ここから、あることを成しとげようと決心するという意味が生まれた。

「発起」の読みに注意。

【わかる例文】高校時代遊び過ぎて浪人した彼は、一念発起し、翌年は見事に合格した。

一心同体【いっしんどうたい】

二人以上の人が、心をひとつにして結びつくこと。

「一心」は心をひとつに合わせる、「同体」は一体になるという意味で、心がひとつになり、体が一体となって互いが強く結ばれていること。

強い絆で結ばれていることのたとえとして使われる。

【類】「一致団結」「異体同心」

【わかる例文】地震で崩壊した家を建て直すために、夫婦は一心同体で働いた。

一期一会【いちごいちえ】

一生に一度の出会いのこと。

人に限らず、そのことが生涯に一度限りであることを表す。人、もの、出来事との出会いの機会を大切にすること。

「一期」は、仏教語で人の一生のことを意味し、もとは茶話会での心得をいったもの。

【類】「会者定離《えしゃじょうり》」

【わかる例文】 一期一会の心がまえで、出会いは大切にするべきだ。

一朝一夕【いっちょういっせき】

非常に短い間。わずかな期間。

朝が一回、夕方が一回の、とても短い時間を表す。「一夕」の読みを間違えないように。

記述の説明問題では、単に、「短い期間」だけではなく、「とても」「わずかな」等で、短いことを強調するのがポイントである。

「一鳥一石」としないように。

【わかる例文】 この問題の結論は、一朝一夕には出せない。

一長一短【いっちょういったん】

長所も、短所もあること。

「一長」は、良いところ。「一短」は、欠点のこと。ものごとは何ごとにおいても、良い悪いの両方を兼ね備えているという意味。

「一短一長」とも書く。

【類】「一利一害」は、利益もあるが、損害もあること。「一得一失」

【わかる例文】どの商品にも一長一短があって、なかなか一つにしぼることができない。

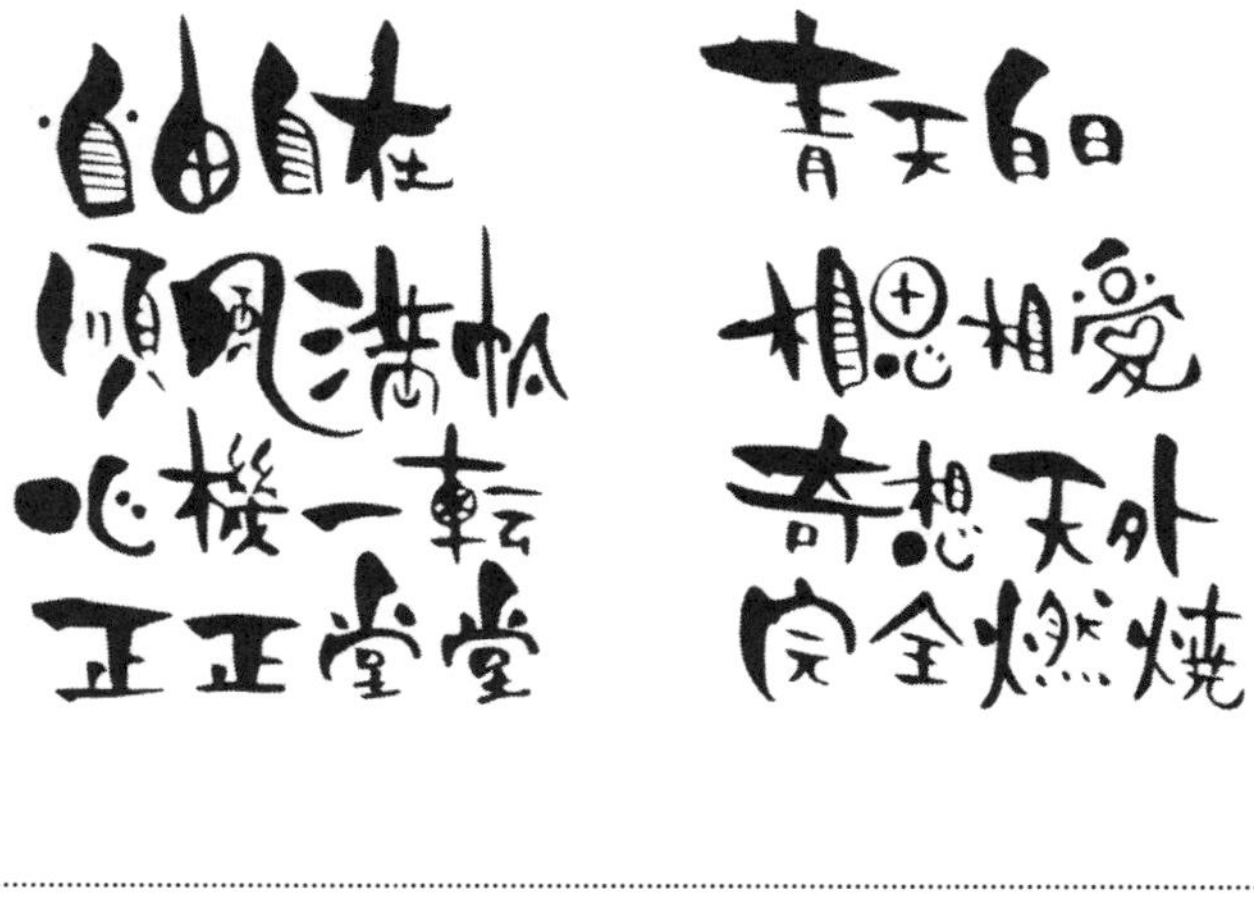

一石二鳥【いっせきにちょう】

一度に二つのものを手に入れる。

語源は、「石を一つ投げて二羽の鳥を得る」こと。ここからひとつの手段や方法によって、二つのものを、同時に手に入れること。

【類】「一挙両得」「漁夫の利」「二兎を追う者は、一兎をも得ず」「虻《あぶ》蜂《はち》取らず」

【わかる例文】 ここのレストランでアルバイトをすれば、給料はもらえるし、食事代も浮いて一石二鳥だ。

一攫千金【いっかくせんきん】

一度にたくさんの利益を得る。

もとの意味は、一度に大金を手に入れることで、そこから、一度にたくさんの利益を得るという意味。「攫」はつかむ、つかみとるという意味。一「獲」千金と書くこともある。

【類】「濡れ手に粟《あわ》」は、骨を折らないで利益を得ること。

【わかる例文】 その街のカジノは、一攫千金を夢みる男たちでいっぱいであった。

一刀両断【いっとうりょうだん】

思い切って、はっきりと決断すること。

語源は、「一刀のもとに物をまっ二つに断ち切る」こと。そこから、ものごとを思い切って迅速に処理するという意味。

断固たる態度で、はっきり決断すること。

【類】「快刀乱麻《かいとうらんま》を絶つ」

【わかる例文】 校長は、長年の難題を、一刀両断のもとに解決してしまった。

一瀉千里【いっしゃせんり】

文章や弁舌がすらすら進むこと。

川の水がひとたび流れ出すと、たちまち千里も流れる。そこから、①文章や弁舌が、よどみなくすらすらと進むこと。

②物事が速くはかどること。

「一瀉」の読みを覚えておこう。

【類】「一気呵成《いっきかせい》」「立て板に水」

【わかる例文】 私はこの本を、一瀉千里に書き上げた。

百家争鳴【ひゃっかそうめい】

さまざまな立場の者が、自由に論争すること。

専門の異なる学者達が、自由に論争すること。いろいろな議論が自由になされること。「百家」は多くの学者という意味。「争鳴」は、多くの人が争って意見を発表すること。

【類】「議論百出」「侃侃諤諤《かんかんがくがく》」「百花《ひゃっか》斉放《せいほう》」

【わかる例文】 新しい学説に対し、学者達が百家争鳴の議論をくりひろげている。

百鬼夜行【ひゃっきやこう】

妖怪が夜歩きまわること。

いろいろな妖怪が、夜に列をなして歩きまわること。ここから、多くの悪人や怪しい者が、怪しいふるまいや行動をすること。

「夜行」は「やぎょう」とも読む。悪いことを示すニュアンスがあることに注意。

【類】「妖怪変化《ようかいへんげ》」

【わかる例文】 政治の世界は、百鬼夜行だから、慎重に行動しなさい。

百花繚乱【ひゃっかりょうらん】

多くの花が咲き乱れるさま。

たくさんの花があでやかに、咲き乱れること。ここから、すぐれた人物や業績が、一時にたくさん現れること。

「繚乱」は、もつれ乱れる、散り乱れること。「百家」とはしないように。

【類】「百家争鳴」「百花斉放」

【わかる例文】プロ野球の今年の新人選手の顔ぶれは、百花繚乱の趣《おもむき》がある。

千篇一律【せんぺんいちりつ】

物事がみな一様で、変化のないこと。

多くの詩篇がみな同じ調子で作られていること。どれもこれも変わりばえがなく、面白味がないこと。

「律」は、詩の調子のこと。

千「編」一律とも書く。

【類】「一本調子」「変幻自在」「千変万化」

【わかる例文】 この作曲家のつくる歌は、千篇一律で、聴いているうちに飽きてしまう。

千載一遇【せんざいいちぐう】

千年に一度会うこと。これ以上ない機会。

「千載」は、「千年」の意味。「一遇」は、一度だけ出会うという意味。

千年の間に一回しか出会えない、めったにめぐり会えない良い機会のこと。

「絶好のチャンス」と憶える。

【訓読】『千載に一たび遇う』

【類】「千載一時」「盲亀浮木《もうきふぼく》」

【わかる例文】 彼にとって、国会議員になる千載一遇の機会であった。

悪事千里【あくじせんり】

悪いことはよく伝わること。

悪い行ないや評判は、千里も遠く離れたところまですぐに伝わるということ。悪事はとかく世間に伝わりやすい。悪事千里を「走る」、または、悪事千里を「行く」の形で使われることが多い。

【類】「壁に耳あり」は、秘密が漏れやすいこと。「好事門を出でず」

【わかる例文】悪事千里という通り、悪い噂ほどよく伝わるものだ。

一日千秋【いちじつせんしゅう】

待つ気持ちが強く、時間が長く感じられること。

一日会わないと千年も会わないように待ちこがれる気持ちの強いこと。語源の「一日会わないと、三秋も会わないような気持ちになる」が強調されたもの。「一日」は「いちにち」とも読む。「一日千秋の思い」という形でよく使われる。

【類】「一刻千秋」「一日三秋」

【わかる例文】恋人からの手紙を一日千秋の思いで待ち続ける。

朝三暮四【ちょうさんぼし】

小さな違いにこだわり、実質に気づかないこと。

猿に「どんぐりを朝三つ、夕方四つやろう」と言うと、怒りだしたので、「朝四つ、夕方三つ」に変えたら、猿が満足したという故事から。目の前の違いにこだわって、結果が同じであることに気づかないこと。また、言葉たくみに人をだますこと。

【わかる例文】 アルバイトの時給が増えて喜んでいるが、交通費が減るのでは朝三暮四も同じだ。

四分五裂【しぶんごれつ】

ちりぢりばらばらになること。

魏をはじめとする六国が、連合して秦に対抗するために作戦会議を開いた。そこで、国が分裂する様子を表して張儀が言った言葉が語源。

物事がばらばらに分かれる様子。また、秩序が乱れ、統一がなくなること。

【類】「離合集散」「支離滅裂」

【わかる例文】 大将が殺され、軍は四分五裂の状態になった。

七転八倒【しちてんばっとう】

苦しみもだえること。

七回転んで、八回倒れる。何度も何度も倒れるほど、苦痛のために激しく苦しみ悶《もだ》えるさま。「七転八倒の苦しみ」などとして使われる。「七転」は、「しってん」とも読む。

【類】「七転び八起き」

【わかる例文】盲腸の手術中に麻酔がきれ、患者は七転八倒の苦しみにおそわれた。

朝令暮改【ちょうれいぼかい】

命令や規則が、すぐ変えられること。

朝に出したばかりの命令を、夕暮れには改めてしまうこと。

指示、命令、法律などが、すぐに変えられて、あてにならないこと。

【訓読】『朝《あした》に令して暮に改む』

【類】「朝改暮令」

【わかる例文】 最近のセンター入試は、朝令暮改で対策をたてにくい。

弱肉強食【じゃくにくきょうしょく】

弱いものは強いものに征服される。

強い者が弱い者の肉を食うことで、弱者の犠牲があって強者が栄えるという自然界の掟《おきて》。人間社会にも使う。

【類】「自然淘汰」「適者生存」「優勝劣敗」

【反】⇔「共存共栄」立場の異なるものが、争わずに両立し栄えること。

【わかる例文】 自然界は、弱肉強食の世界である。

優勝劣敗【ゆうしょうれっぱい】

優れた者が勝ち、劣った者が負けること。

能力の勝っている者が勝ち、能力の劣る者が負けること。

そこから特に、強者、適格者が栄え、弱者、不適格者が衰え滅びてゆくことをいう。

【類】「弱肉強食」「自然淘汰」「適者生存」

【わかる例文】教育の現場では、優勝劣敗の法則は必ずしも当てはまらない。

枝葉末節【しようまっせつ】

取るに足らぬつまらないこと。

根本から外れた枝葉や、節《ふし》のこと。ここから、本質から外れた些細な部分。大事ではない、つまらないもの。「枝葉」は枝と葉、転じて物事の重要でない部分のこと。「末節」はつまらないこと。

【類】「重箱の隅（をつつく）」

【わかる例文】日本史の勉強を始めたが、枝葉末節のことばかり気になって、なかなか進まない。

右往左往【うおうさおう】

右に左にうろたえること。

大勢の者がうろたえて、右に行ったり左に行ったりすること。混乱してまごつくこと。

【類】「周章狼狽」

【反】⇔「泰然自若《たいぜんじじゃく》」は、ゆったりと落ち着きはらっている様子。

【わかる例文】突然デパートで火災報知器が鳴り響き、客は右往左往した。

内憂外患【ないゆうがいかん】

内外ともに心配事があること。

国内の心配事と、外国からしかけられるわずらわしい事態。個人における内外の心配事をもいう。苦労や心配事がつきないこと。

「内憂」は、内側の憂い。「外患」は、外側の憂いのこと。

【類】「多事多難」**【反】**⇕「平穏無事」

【わかる例文】　新総理は内憂外患の難題をかかえていたが、立派に危機を突破した。

興味津津【きょうみしんしん】

興味、関心が強いこと。

非常に関心がある様子。興味が尽きない様子。「津津」は、絶えず湧き出る様子。

興味「深深」としないこと。

【反】⇕「興味索然《きょうみさくぜん》」は、興味が消えていく様子。

【わかる例文】クラスの生徒たちは、先生の結婚相手に興味津津であった。

虎視眈眈【こしたんたん】

じっと機会を狙うこと。

「虎視」は、トラが機会をうかがっている様子。「眈眈」は、見おろす、にらむこと。

トラが、えものをねらって鋭い目でじっと見おろす様子。すきがあればと、有利な機会が来るのをじっと狙っていることのたとえ。

【類】「鵜《う》の目鷹の目」

【わかる例文】その政治家は首相の椅子を虎視眈眈と狙っている。

▼四字熟語の表現パターンに慣れる①

四字熟語を文章としてとらえる

ここに掲載した「興味津津」「虎視眈眈」などの語句は、一定のパターンをもっていると同時に、ふつうの文章のような構成をもっている。

たとえば、「興味津津」は、「興味」が「津津」なのであり、「虎視眈眈」は、「虎視」が「眈眈」としていることである。

このように、通常の漢字の熟語の構成と同じように、漢字のもつ意味を『文章としてとらえる』ことで、理解しやすくなり、憶えやすくなる。

不即不離【ふそくふり】

つきもしないし、離れもしないこと。

二つのものが、つきも離れもしないこと。また、物事に当たらずさわらず、あいまいな態度をとること。「即」は、ぴったりくっつくという意味。

【訓読】『即《つ》かず離れず』

【類】「不離不即」

【わかる例文】 幼なじみの彼と彼女は、いつまで経っても不即不離の関係を保っている。

空前絶後【くうぜんぜつご】

他に例がなく、まれなこと。

「空前」は、過去に一度も例がないこと。「絶後」は、今後も決して出現しないような、きわめてまれなこと。多くは、よい場合に使う。

【訓読】『前に空しく後を絶つ』

【類】「前代《ぜんだい》未聞《みもん》」は、単にめずらしいときや悪い場合に使う。

【わかる例文】 彼女は日本人としては空前絶後の好成績を残して、テニス界を引退した。

▼四字熟語の表現パターンに慣れる②

意味の切れ目を入れる

ここに掲載した「不即不離」「空前絶後」等は、語の配列に一定のパターンをもったものである。

たとえば、「空前絶後」を「空前」「絶後」に分解して、前半と後半のワード表現の関係を押さえていくことで、理解しやすいし、記憶にも定着しやすくなる。

四字熟語には、このパターンが非常に多いので、この意味上の区切りを考えて理解していくと、四字熟語の類推力は飛躍的に向上する。

4章

中学までの基礎ワードを完全制覇

●超基礎だからこそ、あらゆる角度からチェック！

厚顔無恥【こうがんむち】

厚かましくて恥を知らないこと。

「厚顔」は、厚かましいこと。「無恥」は、恥を恥とも思わぬこと。ここから、厚かましくて恥知らずなこと。

他人の迷惑や思惑などは一切かまわない、図々しい態度。

【類】「面《つら》の皮が厚い」「鉄面皮《てつめんぴ》」「破《は》廉恥《れんち》」

【わかる例文】 電車に乗り込む人々の、厚顔無恥な席とり合戦にはとてもついていけない。

慇懃無礼【いんぎんぶれい】

態度だけ丁寧で、実際は無礼なこと。

「慇懃」は、丁寧で礼儀正しい様子。言葉遣いや態度が丁寧すぎて、そのためにかえって誠意が感じられず、失礼であること。

【類】「慇懃尾籠《いんぎんびろう》」「口先の裃《かみしも》」「平身低頭」

【わかる例文】 あのホテルのメイドの態度は慇懃無礼で、不愉快きわまりなかった。

傲岸不遜【ごうがんふそん】

おごり高ぶっていること。

「傲岸」は、おごり高ぶっていて、他人に頭を下げないこと。「不遜」は、おごり高ぶり、謙虚でないこと。

つまり、おごり高ぶって、謙虚さがないこと。人を見下し、思い上がって屈することのないさま。

【わかる例文】 優勝は自分のお陰だと言わんばかりの彼の態度は、さすがに傲岸不遜すぎて、チームメイトの反感を買った。

順風満帆【じゅんぷうまんぱん】

物事が順調に進むこと。

追い風に帆をいっぱいにふくらませている様子から、物事が順調に進むこと。
「順風」は、船の進む方向に吹く風、追い風のこと。「満帆」を「まんぽ」と読まないように。
【類】「追風《おいて》に帆を上げる」
【反】⇕「波瀾万丈」
【わかる例文】 彼は実業家として、順風満帆の人生を送っている。

紆余曲折【うよきょくせつ】

入りくんで曲がりくねっていること。

「紆余」は、川や丘などが曲がりくねっていること。「曲折」は、曲がりくねっている様子。ここから、道などが曲がりくねっていること。事の成り行きや事情がこみ入って複雑なこと。また、経過が複雑でいろいろと変化すること。
【わかる例文】 さまざまな紆余曲折を経て、彼らはようやく結婚にこぎつけることができた。

時期尚早【じきしょうそう】

時期が早すぎること。

「尚早」は、「なお早い」ということで、その時期になっていないという意味。あることをするのに早すぎて、まだ適当な時期でないこと。

「次機」「時季」などの書き間違いが多いので注意しよう。

【類】「急《せ》いては事を仕損じる」

【わかる例文】新人の候補者は健闘したが、彼の立候補はまだ時期尚早であった。

明鏡止水

東奔西走【とうほんせいそう】

あちこち、かけまわること。

「東西」に「奔走」すること。「奔」は走るという意味。ある目的のために、あちらこちらに忙しくかけまわること。

これは「互文（あい補って意味を完全にするもの）」という形式である。「東西奔走」としないこと。

【類】「南船北馬」「南去北来」も互文。

【わかる例文】その議員は、選挙資金集めに、東奔西走している。

縦横無尽【じゅうおうむじん】

思うままにふるまうこと。

「縦横」は、自由自在、気ままなこと「無尽」は、尽きることがないこと。ここから、自由自在でとらわれのないこと。勝手気ままにふるまう様子のこと。四方八方に力がおよぶ様子のこと。

【類】「東奔西走」「縦横自在」

【わかる例文】第一帝政を樹立したナポレオンの部隊は、大陸を縦横無尽に荒らし回った。

快刀乱麻【かいとうらんま】

もつれた物事を手際よく処理すること。

乱麻（もつれた麻）を、切れ味の良い刀で断ち切ること。ここから複雑にこじれている物事を、見事に処理する様子。

「快刀乱麻を断つ」の略。

快刀乱「魔」としないように。

【類】「一刀両断」

【わかる例文】新しい首相は、ここ数年の懸案を、快刀乱麻の勢いで処理している。

神出鬼没【しんしゅつきぼつ】

自在に出没し、居所がわからないこと。

神や鬼のように、自由自在に現われたり隠れたりすること。不意に出没して、居所がわからないこと。

「神」と「鬼」は、不思議な力をもつ神霊とされている。

必ずしも悪い意味で使われるとは限らないことに注意。

【類】「変幻自在《へんげんじざい》」「千変万化」

【わかる例文】その泥棒は神出鬼没の犯行を重ねている。

絶体絶命【ぜったいぜつめい】

危険からどうしても逃れられない。

「絶体」は、体が逃れられないこと。「絶命」は、命が逃れられないこと。ここから、避けられない、非常に困難な場面に追いつめられること。進退きわまった状態。

漢字では、「絶対」のミスに注意。

【類】「風前の灯《ともしび》」

【わかる例文】 救援隊は到着せず、遭難者達は、みな絶体絶命の状態にあった。

危機一髪【ききいっぱつ】

今にも危ういことが起こりそうな状態。

髪の毛一本ほどの差しかないほど危険が差し迫っていることから、非常に危ない瞬間。ほんのわずかな差で、今にも危険なことが起こりそうな状態におかれること。極めて危険なことのたとえ。

「一発」と書かないように。

【類】「間一髪」「暗雲低迷」「一触即発」

【わかる例文】 彼は危機一髪で難をまぬがれた。

四面楚歌【しめんそか】

周囲すべて敵で、孤立していること。

中国の故事が語源。「四面」は、周囲すべて。「楚歌」は、敵の楚の兵士の歌声。まわりをすべて敵に囲まれて、味方が一人もいない状態で孤立してしまうこと。だれからも援助がない状態。

【類】「孤立無援」「孤軍奮闘」

【わかる例文】国中が反対する四面楚歌の状態で、彼は自分の信念を貫いた。

起死回生【きしかいせい】

死にかかった状態から、生き返らせること。

死に瀕したもの、滅びかかっているもの、絶望的な状態のものを再び生き返らせ、盛んにすること。もとに戻すこと。

【類】「捲土重来《けんどじゅうらい》」は、失敗して力を失ったものが、再び力を取り戻すこと。「けんどちょうらい」とも読む。

【わかる例文】 大谷翔平が9回の裏、起死回生のホームランを打った。

切磋琢磨【せっさたくま】

互いに励ましあって向上すること。

「切磋」は、骨や象牙などを切ったり磨いたりすること。「琢磨」は、玉石を刻んだり磨いたりすること。ここから、学問や技芸を磨くこと。

友人や同僚がお互いに励まし合って、学問、技芸などを、向上させていくこと。

【類】「相互啓発」

【わかる例文】 合格目ざして友人と切磋琢磨、勉強に励んだものだ。

臥薪嘗胆【がしんしょうたん】

目的達成のために、身を苦しめて努力すること。

中国の故事。呉王夫差《ふさ》は、常に固い「薪」の上に「臥」して（寝て）自分を苦しめ、また越王勾践《こうせん》は、熊の苦い「胆」を「嘗《な》」めて恨みを忘れず、仇をとったことから、将来の成功のために、長い間身を苦しめて努力を重ねること。

【わかる例文】わがチームは、昨年の大敗を機に、臥薪嘗胆の意気で連日、猛練習を重ねている。

呉越同舟【ごえつどうしゅう】

仲の悪い者どうしが一緒にいること。

「呉」と「越」は、互いに激しく対立していた中国の古い国名。敵同士であった呉人と越人が、同じ舟にのったという故事が語源。

仲の悪い者や敵対する者どうしが、一緒に行動を共にしたり、共通する利害のために協力すること。

【わかる例文】今度の選挙では、与党と野党が呉越同舟して、同じ候補者を応援した。

同床異夢【どうしょういむ】

同じ立場にありながら、目的が異なっている。

同じ床に寝ていながらも、見る夢が異なっていることから。一緒に行動していても、人それぞれが違った目的や考え方を持っていること。

【類】「呉越同舟」

【わかる例文】上役がみんな同床異夢で、会社の方針はまとまらず、事業は失敗した。

群雄割拠【ぐんゆうかっきょ】

多くの英雄が、それぞれの領地で互いに争うこと。

多くの実力者が各地でそれぞれに勢力をふるい、対立し合うこと。

戦国時代に、多くの英雄が各地に領地を構え、対立して抗争していたことから。

「群雄」は、多くの英雄のこと。「割拠」は、それぞれが占拠した領地のこと。

【わかる例文】戦国時代は、群雄割拠の時代であった。

感慨無量【かんがいむりょう】

身にしみて深く感じること。

心の思いがはかり知れないほど深いこと。胸一杯にしみじみと感じ入ること。漢字では、感「概」無量としないように。

【類】「感無量」は、喜びの感動が大きく、言葉にならないこと。

「千万無量の思い」

【わかる例文】娘の結婚式に臨んだ父親は、感慨無量の感をいだき、思わず涙した。

茫然自失【ぼうぜんじしつ】

気がぬけてぼんやりすること。

「茫」は、中身がなくうつろなこと。ショックや驚きのために気が抜けてぼんやりしてしまい、どうしてよいかわからなくなること。

「茫然」は「呆然」も可。

【訓読】『茫然として自ら失う』

【類】「愕然《がくぜん》とする」

【わかる例文】彼は母親が事故にあったと聞いて、茫然自失となった。

大山鳴動【たいざんめいどう】

大きな山が揺れ動くこと。

大きな山がうなりを発して揺れ動くようす。大きな騒ぎのこと。

文章では「大山鳴動して鼠一匹」の形で用いる。大騒ぎした割には、その結果が小さいというニュアンスで使われる。

【わかる例文】　汚職事件の発覚で、検察は色めきたったが、結局は大山鳴動して鼠一匹も出ずの結果に終わった。

八方美人【はっぽうびじん】

だれにでも愛想よくふるまうこと。

どこから見ても欠点のない美人のこと。ここから、だれにも悪く思われないように要領よくふるまうこと。悪い意味で使われることが多い。「八方」は、あらゆる方向という意味。

【類】「阿諛追従《あゆついしょう》」

【わかる例文】彼はいつも八方美人にふるまうので、敵はいないが友達もいない。

佳人薄命【かじんはくめい】

美人は短命であるということ。

とかく美人は不幸な目に遭いやすく、長生きできないという意味。「佳人」は、美しい女性のこと。「薄命」は、運命に恵まれないこと。まれに、美人は病弱であるから、短命である、という意にも用いる。

【類】「美人薄命」

【わかる例文】三八歳で非業の死をとげた楊貴妃は、まさに佳人薄命の人といえよう。

才色兼備【さいしょくけんび】

美しくて、才能があること。

「才色」は、才知と容色のこと。ここから、女性がすぐれた能力と、美しい容貌を兼ね備えていることを表す。

男性には、「智勇兼備《ちゆうけんび》」を使う。

【訓読】『才、色兼ね備う』

【類】「才気煥発」は容姿に無関係。

【わかる例文】結婚式で、新婦は「彼女は、才色兼備の人」などと紹介されて恥ずかしそうだった。

隔靴搔痒【かっかそうよう】

もどかしいこと。

「隔靴」は、靴の上からという意味。「搔痒」は、かゆいところを爪でかくという意味。語源からは靴の上からかゆいところをかくという意味で、物事が思い通りにならなくて、非常にもどかしいこと。

【訓読】『靴を隔てて痒《かゆ》きを搔《か》く』

【わかる例文】首相の答弁は、長い上に要旨がはっきりせず、隔靴搔痒の感がある。

切歯扼腕【せっしやくわん】

非常にくやしいこと。

非常にくやしくて、怒ったり、残念がったりすること。「切歯」は、歯をくいしばること。「扼腕」は、左手で右腕を握り締めること。歯ぎしりして、自分の手首を握りしめるほどくやしいこと。

【類】「残念無念」「地団駄を踏む」

【わかる例文】必勝の覚悟で臨んだ宿敵との対戦に負け、切歯扼腕の思いで涙をのんだ。

天真爛漫【てんしんらんまん】

けがれがないこと。純真なこと。

自然のままで飾り気がなく、けがれがないこと。

ありのままの自然の心が、言葉や行動に表れること。

「天真」は、天のように純真で自然であること。「爛漫」は、花が咲き乱れるように輝く様子。

【類】「純真無垢」「天衣無縫」

【わかる例文】 彼女は天真爛漫で、育ちの良さがうかがわれる。

5章

知っているつもりの落とし穴

●ケアレスミスを防ぐために

暗雲低迷

あんうんていめい

●黒い雲が垂れ込めていること。
何か悪いことが起こりそうな気配がすること。

「一触即発」「危機一髪」とは意味がちがう。

安心立命

あんしんりつめい

●心が安らかで落ち着いていること。仏教語。
「安心」「立命」ともに天命に任せて動じないこと。

「安心立命の境地」で使われることが多い。

意識朦朧

いしきもうろう

●周りの状況がわからないくらいに、意識が不確実なこと。

【使える例文】頭を打って意識朦朧の状態になる。

「曖昧模糊」は、意識とは関係がない

一衣帯水

いちいたいすい

●海峡を隔てて接近しており、地理的な関係が深いこと。

【使える例文】日本と韓国は、一衣帯水の国だ。

一病息災　いちびょうそくさい

●一つでも持病があると、それをいたわり、かえって長生きができるということ。

一望千里　いちぼうせんり

●見渡すかぎり広々としていること。

【使える例文】ここからは、一望千里の海を見渡すことができる。

一利一害　いちりいちがい

●利益もあるが、害もあること。

【使える例文】車は便利だが、運動不足になるから一利一害だ。

「一長一短」

一喜一憂　いっきいちゆう

●状況が変わるたびに、喜んだり心配したり、落ち着かないこと。

【使える例文】摸擬試験の結果に一喜一憂してもしかたない。

「一喜一怒」

一挙一動　いっきょいちどう

●一つ一つの動作。人の細かい動作やふるまいのこと。

「一挙手一投足」

【使える例文】恋をすると、相手の一挙一動が気になる。

威風堂堂　いふうどうどう

●態度や雰囲気が威厳に満ちていること。

「威風」は、威厳のある様子。

【使える例文】凱旋軍の威風堂堂たる姿。

有象無象　うぞうむぞう

●つまらない人間。また世の中の様々なくだらないもの。

【使える例文】この国の政治家には、有象無象が多い。

依怙贔屓　えこひいき

●公平ではないこと。とくにその者だけに目をかけること。

「判官贔屓《ほうがんびいき》」は、弱いものを贔屓にすること。

【使える例文】あの先生は、女の子には依怙贔屓をする。

会者定離　えしゃじょうり

●仏教語で、この世で出会ったものには生別、死別を問わず、別れは必ず来るということ。

「一期一会」

傍目八目　おかめはちもく

●当事者よりも、第三者や他人のほうがよくわかる。

【使える例文】傍目八目とは言うが、あの采配は納得できない。

「傍目」は「岡目」とも書く。「他人の正目《まさめ》」

侃侃諤諤　かんかんがくがく

●正々堂々と意見を戦わせる様子。「侃侃」も「諤諤」も、はばかることなく直言すること。読みがむつかしい。

「甲論乙駁《おつばく》」「百家争鳴」

完全無欠　かんぜんむけつ

●すべてが完全で、欠けるところ（欠点）がないこと。

【使える例文】完全無欠な人間など、どこにもいない。

「完璧」

機会均等　きかいきんとう

●各人が利益を受ける機会を平等にすること。

【使える例文】男女の雇用機会均等は、まだ実現されていない。

奇奇怪怪　ききかいかい

●非常に不思議で怪しいこと。

【使える例文】彼は霊などの奇奇怪怪な現象は信じない。

「複雑怪奇」「複雑多岐」

危急存亡　ききゅうそんぼう

●生死の危機が迫っていること。生き延びるか亡びるかの瀬戸際。

【使える例文】わが社は危急存亡のときにある。

喜色満面　きしょくまんめん

●顔いっぱいに喜びを表すこと。『喜色面《おもて》に満《み》つ』

【使える例文】志望大学に合格した彼は喜色満面だった。

「得意満面」

喜怒哀楽　きどあいらく

●喜び、怒り、哀しみ、楽しみなど、人間の様々な感情。
【使える例文】彼女は喜怒哀楽が激しい。

急転直下　きゅうてんちょっか

●物事の様子が急に変わって決着がつくこと。
【使える例文】急転直下、事件は解決した。

驚天動地　きょうてんどうち

●天地を揺り動かすほど世間を驚かす大事件や出来事。
【使える例文】事件が起きて驚天動地の大騒ぎとなった。

玉石混淆　ぎょくせきこんこう

●良い物と悪い物が入り混じっている。価値があるものとないものの、優れたものとつまらぬものが混じっていること。
「千差万別」には、良い、悪いの意味はない。

虚心坦懐　きょしんたんかい

●先入観を捨て、わだかまりがないこと。「虚心」は無心。⇔「疑心暗鬼」

【使える例文】先輩の注意は虚心坦懐に聞くべきだ。

苦心惨憺　くしんさんたん

●目標達成のために、心を砕いて苦労を重ね、工夫をすること。「艱難辛苦《かんなんしんく》」「悪戦苦闘」「粉骨砕身」

【使える例文】著者の苦心惨憺の末に、よい本ができあがった。

君子豹変　くんしひょうへん

●思想や行動・態度が急変すること。

【使える例文】その政治家は君子豹変して、敵陣営についた。

鯨飲馬食　げいいんばしょく

●大いに飲み、食らうこと。「暴飲暴食」「牛飲馬食」

【使える例文】お父さん、鯨飲馬食もほどほどにね。

軽挙妄動　けいきょもうどう

●軽はずみな行いをすること。思慮分別がないこと。

【使える例文】大事な時期だから、軽挙妄動は慎しまなければ。

軽挙「盲」動としないこと。

「軽《けい》佻《ちょう》浮《ふ》薄《はく》」「付和雷同」

軽佻浮薄　けいちょうふはく

●軽はずみな行動が多く、落ち着きのないこと。「軽佻」はすぐ調子に乗ること。「浮薄」は、軽々しいこと。

「軽挙妄動」

軽妙洒脱　けいみょうしゃだつ

●気が利いていて、さっぱりしていること。

【使える例文】彼のユーモアは軽妙洒脱でおもしろい。

「当意即妙」も気が利いている点では共通。

言行一致　げんこういっち

●口で言うことと、実際の行いとが一致していること。

【使える例文】彼は言行一致の人なので信用できる。

権謀術数
けんぼうじゅつすう

●人を陥れるはかりごと。種々の計略をめぐらすこと。

「権謀術策」

【使える例文】権謀術数にたけた政治家ばかりである。

行雲流水
こううんりゅうすい

●物事にとらわれないで平静な心境でいること。

【使える例文】定年後は、行雲流水の心で暮らしたいものだ。

豪華絢爛
ごうかけんらん

●華やかで贅沢、美しく立派であること。

【使える例文】パーティーには、豪華絢爛な顔ぶれがそろう。

効果覿面
こうかてきめん

●即座にはっきりと効き目が現われること。

読み方に注意。

「天罰覿面」

【使える例文】先輩の檄は効果覿面で、新人もやる気を出した。

公序良俗

こうじょりょうぞく

●社会の秩序と善良な風俗や習慣。

【使える例文】この映画は公序良俗に反するとして不評だった。

法律に関する評論でよく出題される。

公明正大

こうめいせいだい

●考えや物言いが、正しく堂々としていること。

【使える例文】政治家の生活は、公明正大であるべきだ。

「公平無私《こうへいむし》」

孤立無援

こりつむえん

●ただ一人で孤立し、だれの援助もないこと。

【使える例文】友人を裏切った結果、孤立無援になった。

「四面楚歌」「孤軍奮闘」

三寒四温

さんかんしおん

●徐々に暖かくなる気候。

【使える例文】毎年この季節になると、三寒四温の毎日である。

三拝九拝　さんぱいきゅうはい

●何度もおじぎをして敬意を表したり、物事を頼むこと。また、手紙の末尾に記して敬意を表す語。「平身低頭」

三位一体　さんみいったい

●三つのものが、一つに統一されること。キリスト教では、父（神）、子（キリスト）、聖霊は、おなじ神の姿であると考える。

色即是空　しきそくぜくう

●ものには形があるが、それは仮のもので現象にすぎず、世界の本質は空であり、不変のものではない。現世の虚しさを表す。仏教用語。

自給自足　じきゅうじそく

●自分に必要なものは自分で作り出すこと。

【使える例文】食料が自給自足できない国も多い。

四苦八苦

しくはっく

●非常な苦しみ。この世に存在するあらゆる苦しみのこと。仏教語。

【使える例文】事業に失敗した彼は、お金に四苦八苦している。「苦心惨憺」「艱難辛苦《かんなんしんく》」

獅子奮迅

ししふんじん

●猛烈な勢いで奮闘すること。

【使える例文】彼の獅子奮迅の活躍で我が野球部は優勝できた。

志操堅固

しそうけんご

●環境や事情が変わっても、自分の主義を変えないこと。「志節堅固」「堅忍不抜」

【使える例文】現代では、志操堅固な人間が少なくなった。

疾風怒濤

しっぷうどとう

●社会が激しく大きく変わる様子。「疾風」は強い風。「怒濤」は荒れ狂う波。

【使える例文】織田信長は、疾風怒濤の時代を生きた。

杓子定規
しゃくしじょうぎ

●すべてのことにひとつの基準をあてはめて行おうとする、応用や融通のきかないやり方。

「四角四面」「謹厳実直」

弱肉強食
じゃくにくきょうしょく

●弱いものは強いものに征服される。

【使える例文】自然界は弱肉強食の世界である。

「自然淘汰」「適者生存」「優勝劣敗」

情状酌量
じょうじょうしゃくりょう

●裁判で刑を決定するとき、犯罪に至った事情を考慮して刑罰を軽くすること。「酌量」は、酒を杯につぐ量のこと。

法律用語、使い方に注意。

常套手段
じょうとうしゅだん

●いつも決まってとられるやり方。ありふれた方法や手段。

【使える例文】不利になると大声を出すのは、彼の常套手段だ。

私利私欲　しりしよく

●個人的な利益や欲望だけのために行動すること。

【使える例文】私利私欲の行動をしてはならない。

思慮分別　しりょふんべつ

●よく考えて判断すること。常識的な考えと判断力をもつこと。

⇕「軽挙妄動」

【使える例文】彼には大人らしい思慮分別がない。

心機一転　しんきいってん

●あることをきっかけに、気持ちをがらっと変え、出なおすこと。良い方向、明るい気分に変わること。

【使える例文】今日から心機一転、本気で受験勉強を始めよう。

深山幽谷　しんざんゆうこく

●人里離れた奥深い山々や深い静かな谷間。「山紫水明」

【使える例文】深山幽谷の地に、草庵を結ぶ。

信賞必罰　しんしょうひつばつ

●功労のある者には賞を、罪ある者には必ず罰を与えること。

【使える例文】我が子であっても信賞必罰の原則を貫く。

「論功行賞」

針小棒大　しんしょうぼうだい

●針のように小さいことを棒のように大げさに言うこと。

【使える例文】彼は物事を針小棒大に言うので、信用できない。

「誇大妄想」「誇大広告」

人跡未踏　じんせきみとう

●人間が一度も足を踏みいれたことがないことや、その場所。

【使える例文】探検家は、人跡未踏の地に辿り着いた。

新陳代謝　しんちんたいしゃ

●体質の改善。新しいものが古いものに次第に取って代わること。

「陳」は古いこと。漢字の書き方、読み方が大事。

「新旧交替」

酔生夢死　すいせいむし

●何もせず、徒《いたず》らに一生を終えること。もとの意味は、酒に酔い、夢を見ながら一生を終えること。「無為徒食」

晴耕雨読　せいこううどく

●晴れた日には耕し、雨の日には本を読む生活。
【使える例文】退職後は、晴耕雨読の生活を送りたいものだ。

生殺与奪　せいさつよだつ

●思いのままに他者を支配すること。
【使える例文】奴隷たちの生殺与奪の権をにぎっている。

青天白日　せいてんはくじつ

●心にやましいことがないこと。また無実が明らかになること。「清廉潔白《せいれんけっぱく》」もおなじ意味。
もとは、よく晴れあがった天気の意味。

千客万来　せんきゃくばんらい

●たくさんの客が入れかわり立ちかわり入ってくること。

【使える例文】その店は千客万来のにぎわいを見せている。

「門前成市《もんぜんせいし》」は、門前に市をなす。

千差万別　せんさばんべつ

●いろいろと違っていること。種類が多いこと。

【使える例文】人間の性格は千差万別である。

「十人十色」「多種多様」⇔「千篇一律」

前人未到　ぜんじんみとう

●今まで誰も到達していないこと。新記録や偉業、探険など。

【使える例文】新人選手が、前人未到の記録をうちたてた。

「到」の漢字に注意。「人跡未踏」

前途多難　ぜんとたなん

●行く手、将来に多くの困難があると予想されること。

【使える例文】目の前に横たわる前途多難な道。

千変万化　せんぺんばんか

●さまざまに変化すること。「千」も「万」も数が多いこと。

「変幻自在」は、自由自在、思いのままに変化すること。

【使える例文】事態や様子などが次々と変化していくこと。

相思相愛　そうしそうあい

●お互いに恋しあい、愛しあうこと。

⇕「片思い」

【使える例文】自分勝手な人間には、相思相愛の心はわからない。

大言壮語　たいげんそうご

●実力以上の口をきくこと。大きな発言をすること。

【使える例文】彼は大言壮語だけで、実行力がない。

泰然自若　たいぜんじじゃく

●落ち着きはらって物事に動じないこと。

「冷静沈着」

⇕「周章狼狽」

【使える例文】彼は自室で泰然自若としていた。

大同小異

だいどうしょうい

●大体同じで、細かい点だけが違うこと。

「五十歩百歩」「同工異曲」

【使える例文】小論文の答案は大同小異のものが多い。

暖衣飽食

だんいほうしょく

●何不自由ない満ち足りた生活のこと。

⇔「粗衣粗食」「一汁一菜」

【使える例文】現代は暖衣飽食の豊かな時代である。

直情径行

ちょくじょうけいこう

●思ったことをすぐに、口にだしたり、行動したりすること。

「猪突猛進《ちょとつもうしん》」は、一つのことに直線的に突き進むこと。

【使える例文】彼は直情径行の性格で、軽率な行動が多い。

適材適所

てきざいてきしょ

●その仕事に、もっともよく向いている人物を適用すること。

【使える例文】適材適所の人材の配置。

電光石火

でんこうせっか

●極めて短い時間で、行動が非常にすばやいこと。

いなずまの光と石から出る火から。

【使える例文】電光石火の早業で仕事を終えた。

二束三文

にそくさんもん

●値段がきわめて安いこと。品物をまとめて安く売ること。

【使える例文】この机は、露店で二束三文で買ってきたものだ。

破顔一笑

はがんいっしょう

●顔をほころばせて笑うことで、機嫌がよくなること。

【使える例文】祖父は、孫の顔を見たとたん破顔一笑した。

八面六臂

はちめんろっぴ

●一人で多方面に活躍すること。

「三面六臂」

【使える例文】彼は八面六臂の活躍で名声を得た。

波瀾万丈　はらんばんじょう

●いろいろな困難に出会う。「波」は小さな波。「瀾」は大きな波。　⇕順風満帆

【使える例文】波瀾万丈の人生だったが、晩年は静かだった。

美辞麗句　びじれいく

●うわべだけを飾り立てて、内容に欠けることば。否定的なニュアンスで使われる。

【使える例文】口説き文句には、美辞麗句がつきものだ。

不得要領　ふとくようりょう

●表現の仕方が下手で、要領を得ないこと。

【使える例文】校長の話はいつも不得要領でよくわからない。

判官贔屓　ほうがんびいき

●第三者が弱いほうに味方し、ひいきすること。「判官」は源義経のこと。読みに注意。

【使える例文】父は判官贔屓で、いつも劣勢を応援する。

抱腹絶倒　ほうふくぜっとう

●腹を抱えて大笑いすること。

【使える例文】友人の失敗談を聞いて抱腹絶倒した。

「喜色満面」は、顔いっぱいの嬉しそうな表情のこと。

明鏡止水　めいきょうしすい

●邪念のない静かで澄み切った心のこと。「明鏡」は、磨き上げられた鏡。「止水」は、じっと止まって澄んでいる水。

「虚心坦懐」

明窓浄机　めいそうじょうき

●清潔にきちんと整頓された書斎のこと。

【使える例文】家の新築を機に、明窓浄机を手に入れた。

面目躍如　めんぼくやくじょ

●姿が生き生きと現れること。世間の評判通りの活躍をいう。

「躍如」は目の前に生き生きと現われることをいう

「面目一新」

夜郎自大

やろうじだい

●自分の力量もわきまえず、実力もないのに威張っていること。

夜郎という民族が、身の程知らずに威張っていたことから。

「唯我独尊」「井のなかの蛙《かわず》」

油断大敵

ゆだんたいてき

●少しでも油断すると、思わぬ失敗が待ちかまえていること。

【使える例文】入試の本番では油断大敵、気をひきしめよう。

「油断」は仏教語。

余裕綽綽

よゆうしゃくしゃく

●ゆったりと余裕のあること。

【使える例文】予選で最高記録をだし、余裕綽綽で決勝に臨んだ。

読みに注意。

離合集散

りごうしゅうさん

●離れたり集まったりすること。

【使える例文】人は離合集散を繰り返し成長するものだ。

流言蜚語　りゅうげんひご

●根拠のないうわさ。いい加減なうわさ。デマ。

「流言飛語」とも。

【使える例文】大地震の時、流言蜚語が飛びかった。

論功行賞　ろんこうこうしょう

●功績の有無・大小に応じて、賞や報酬を与えること。

「功を論じて賞を行う」

【使える例文】今度の組閣は、総選挙の論功行賞のきらいがある。

6章

世間の常識ワード

●「世間の常識」は、「国語の常識」

阿鼻叫喚　あびきょうかん

●悲惨な状況のなかで、苦しみ泣き叫んでいる状態。

【使える例文】地震直後の街は、阿鼻叫喚の様相を呈していた。

阿諛追従　あゆついしょう

●相手に気に入られようとして、こびること。

【使える例文】校長に心にもない阿諛追従を繰り返す。

「唯々諾々」は、言いなりになること。

一気呵成　いっきかせい

●一息で仕上げること。「一気」は、ひと息、「呵」は、吐く息の音。

【使える例文】一気呵成に小論文の答案を書き上げた。

一騎当千　いっきとうせん

●高い能力を持つ人のたとえ。一騎が、千人にも匹敵すること。

【使える例文】わが野球部は、一騎当千の強者ぞろいだ。

隠忍自重　いんにんじちょう

「堅忍不抜」

●ひたすら耐え忍んで、軽率な態度を慎むこと。

【使える例文】野球部は、今回の不祥事で当分の間隠忍自重だ。

右顧左眄　うこさべん

「左眄右顧」とも書く。

●人の思惑など、まわりのことを気にして決断をためらうこと。

【使える例文】あそこまで右顧左眄されるとかわいそうになる。

内股膏薬　うちまたごうやく

●自分にしっかりとした意志、方針がなく、節操がないこと。

【使える例文】あの教頭は内股膏薬で、いつも他人のご機嫌をとる。

栄耀栄華　えいようえいが

●富や社会的地位を得て、繁栄し華々しいこと。

【使える例文】栄耀栄華をきわめた平家一族。

厭離穢土

おんりえど

●汚れたこの世を嫌い離れること。

【使える例文】腐敗した世の中に、厭離穢土の思いを強くした。

「欣求浄土《ごんぐじょうど》」

外柔内剛

がいじゅうないごう

●一見おとなしく弱々しく見えるが、実際は気丈夫で気の強い様子。

「内剛外柔」とも書く。

偕老同穴

かいろうどうけつ

●夫婦の契《ちぎ》りが固く、仲むつまじい幸福な結婚生活のこと。

【使える例文】新郎新婦は、偕老同穴を全うされますように。

結婚式の祝辞の決まり文句。

冠婚葬祭

かんこんそうさい

●習慣になっている慶弔の儀式。元服・婚礼・葬儀・祖先の祭祀。

【使える例文】この界隈は冠婚葬祭の時だけ人で賑わう。

頑迷固陋　がんめいころう

●かたくなで道理がわからず見方が狭いこと。

【使える例文】頑迷固陋なその老人は、皆に嫌われていた。

気宇壮大　きうそうだい

●度量、構想などが並外れて大きいさま。「気宇」は心構え、器量。

【使える例文】まさに気宇壮大な計画と言えよう。

旗幟鮮明　きしせんめい

●主張や立場、態度がはっきりしていること。

【使える例文】総選挙前に、旗幟鮮明な新政党が結成された。

行住坐臥　ぎょうじゅうざが

●行くと止まり座ると横になるという、日常の立ち居振る舞い。仏教語。

【使える例文】行住坐臥、彼女のことが頭から離れない。

毀誉褒貶

きよほうへん

●けなすことと、ほめること。

「上げたり下げたり」

【使える例文】彼の成功は世間の毀誉褒貶を免れない。

謹厳実直

きんげんじっちょく

●つつしみ深く、誠実で正直なこと。

【使える例文】彼の父は謹厳実直な人物であった。

月下氷人

げっかひょうじん

●男女の縁をとりもつ人。結婚式の仲人役をさす。

「月下翁」「月下老人」

【使える例文】だれか月下氷人になってくれないかなあ。

捲土重来

けんどじゅうらい

●一度負けた者が再び勢いを盛り返して攻めてくること。

「けんどちょうらい」とも。

【使える例文】城を奪われた武将は、捲土重来の機会を待った。

剛毅木訥　ごうきぼくとつ

●不屈の精神を持ち、地味で飾り気がないこと。　⇕「巧言令色」

【使える例文】剛毅木訥の人柄が、クラスの信頼を集めている。

欣求浄土　ごんぐじょうど

●浄土教の基本思想で、極楽浄土への生まれ変わりを願うこと。　「厭離穢土《おんりえど》」

【使える例文】欣求浄土の思いで、毎日写経する祖母。

揣摩臆測　しまおくそく

●根拠もなく自分勝手にあれこれ推し量ること。　「疑心暗鬼」

【使える例文】政治家の辞職には、揣摩臆測が飛び交うものだ。

秋霜烈日　しゅうそうれつじつ

●極めて厳しいこと。刑罰・主義・権威などについて、厳しいこと。

【使える例文】新撰組の隊規は、秋霜烈日を極めた。

酒池肉林　しゅちにくりん

●贅沢を極めた遊び。殷の王が、酒を満たして池を作り、肉をぶらさげ林のようにして酒宴をしたという故事から。

「贅沢三昧」⇔「一汁一菜」

率先垂範　そっせんすいはん

●人の先に立って行動し、模範を示すこと。

【使える例文】人の上に立つ者は、率先垂範することが必要だ。

跳梁跋扈　ちょうりょうばっこ

●悪人などがはびこって勝手気ままに振る舞うこと。

「跳梁」は、飛び跳ねること。「跋扈」は、踏み越えること。

「横行闊歩」

杯盤狼籍　はいばんろうぜき

●宴会のあとの皿、杯などが散らかっている様子。

「狼籍」は狼が草をしいて寝たあとの乱雑な様子。

罵詈雑言　ばりぞうごん

●口をきわめて罵《ののし》り、悪口を浴びせかけること。　「悪口雑言《あっこうぞうごん》」

【使える例文】彼は罵詈雑言も気にせず、演説を続けた。

不倶戴天　ふぐたいてん

●同じ天の下では生きてはいられないという意味。父の仇など。

【使える例文】それ以来、彼は私にとって不倶戴天の敵となった。

粉骨砕身　ふんこつさいしん

●骨を粉にし、身を砕くほどに、力のかぎりを尽くすこと。　『骨を粉にし身を砕く』

【使える例文】彼は会社再建のため粉骨砕身努力した。　「刻苦勉励」「艱難辛苦」

平身低頭　へいしんていとう

●すっかりおそれいるようす。頭が低いこと。　⇕「傲岸不遜《ごうがんふそん》」

【使える例文】平身低頭して相手に詫《わ》びた。

孟母三遷　もうぼさんせん

●教育には環境が大事であるという戒め。孟子の母が、幼い孟子の教育のために三度も住居を移したという故事による。「孟母断機」もおなじ教育の戒め。

唯我独尊　ゆいがどくそん

●自分だけが偉い、優れているとうぬぼれること。
【使える例文】一度の成功で、あの唯我独尊の態度はよくない。

7章

三文字熟語の達人になれる

●読解の決め手になる三文字熟語をマスターしよう

暗暗裡　あんあんり

●人の気づかないうちに。ひそかに。

【使える例文】麻薬の調査は、暗暗裡に実施された。

「暗暗裏」「秘密裡」

一家言　いっかげん

●自分なりの見識をもった意見があること。

【使える例文】彼は演劇について、一家言もっている。

「一言居士」

半可通　はんかつう

●よく知りもせず、通人ぶること。いい加減な知識しかない。

【使える例文】彼には半可通な知識をふりまわす悪い癖がある。

「生半可」

未曾有　みぞう

●かつてないこと。空前のこと。

【使える例文】台風は未曾有の被害をもたらした。

「空前絶後」「前代未聞」

耳学問　みみがくもん

●自ら修得した学識ではなく、人から聞きかじって覚えた知識。否定的なニュアンスを含む。

【使える例文】たとえ耳学問でも学問のうちだ。

無尽蔵　むじんぞう

●いくら使っても尽きないほど多くあること。「千万《せんまん》無量」

【使える例文】砂漠の下に、無尽蔵の石油が眠っている。

理不尽　りふじん

●筋道の通らないこと。道理に合わないこと。「荒唐無稽」

【使える例文】そんな理不尽な条件は承諾できない。

無分別　むふんべつ

●物事の道理をわきまえないこと。思慮が足りず分別がない。「思慮分別」に欠ける。

【使える例文】無分別に愛想をふりまくのは良いことではない。

善後策　ぜんごさく

●事件などの後始末をするためのよい方策。　×「前後策」としない。

【使える例文】事件の善後策を話しあう。

先入観　せんにゅうかん

●初めに知ったことによって作られた固定観念。　×「先入感」としない。

【使える例文】先入観が正しい理解を妨げる。　「先入主」

千里眼　せんりがん

●遠くの出来事や将来のことを見通す眼力。

【使える例文】彼の千里眼には恐れ入る。　「天眼通」「先見の明」

金字塔　きんじとう

●ピラミッド（金の字に似ている）。後世に残る偉大な業績。

【使える例文】源氏物語は日本文学の金字塔である。

桃源郷　とうげんきょう

●陶淵明作『桃花源記』から。俗世間を離れた理想郷。　「別天地」「仙境」

【使える例文】南太平洋に浮かぶ現代の桃源郷のような島々。

好事家　こうずか

●珍しい物に興味をもつ風流人。物好き。　読みに注意。

【使える例文】好事家であれば、この壺に魅かれるのは当然だ。

門外漢　もんがいかん

●門の外にいる男という意味から、その道に関係のない人。　「素人」

【使える例文】門外漢の私でも、そのぐらいのことはわかる。

下剋上　げこくじょう

●地位の下の者が上の者を押し退けて、権力をとること。

【使える例文】戦国時代は、下剋上の世の中だ。

試金石　しきんせき

●金属を調べるための石。そこから人の真価や力量を試すもの。

【使える例文】今度の仕事は彼の試金石になる。

野放図　のほうず

●遠慮がなく、不遜な態度。「傍若無人《ぼうじゃくぶじん》」

【使える例文】彼はどこまでも野放図に振る舞う。

白眼視　はくがんし

●冷ややかにみること。冷遇すること。「白い眼で見る」

【使える例文】礼儀知らずの客を白眼視する。竹林七賢の故事から。

依怙地　いこじ

●つまらないことに頑固なこと。片意地を張ること。「意固地」も可。「頑迷固陋《がんめいころう》」

【使える例文】こんなことで依怙地になってもつまらない。

偉丈夫　いじょうぶ

●からだが大きく、頼もしい人。　「気丈夫」「大丈夫」

【使える例文】彼は偉丈夫だから心配いらない。

居丈高　いたけだか

●人を威圧するような態度。「居丈」は座っているときの背丈。　「高飛車」

【使える例文】戦勝国の大使は、居丈高な態度だった。

有頂天　うちょうてん

●大喜びして、我を忘れるさま。　仏教語。「得意満面」

【使える例文】これで有頂天になってはいけない。

一筋縄　ひとすじなわ

●一本の縄。それだけでは不十分の意から、安易なやり方をいう。

【使える例文】あの人には一筋縄ではいかない。

風馬牛　ふうばぎゅう

●慕いあう雌雄の馬や牛が、遠く離れていること。互いに無関係であること。関心を示さないこと。

不退転　ふたいてん

●事を行うのに信念を堅持して、決して退かないこと。仏教語。

【使える例文】不退転の決意で、難局の解決にあたる。「初志貫徹」

屁理屈　へりくつ

●無理なこじつけ。手前勝手な理屈。筋の通らない理屈。

【使える例文】屁理屈を言うな。

朴念仁　ぼくねんじん

●口数の少ない無愛想な人物。人の心の機微の分からない人。

【使える例文】彼はデリカシーのない朴念仁だった。

感無量　かんむりょう

●喜びの感動が大きく、言葉にならないさま。　「感慨無量」

【使える例文】苦労の末、志望校に合格できて、感無量だ。

几帳面　きちょうめん

●細かい所に気を配り、念入りにするさま。　「几帳」は、室内を仕切るもの。

【使える例文】彼女は几帳面な性格である。

破天荒　はてんこう

●いまだ前例がない、思いもよらなかったことをすること。　「前代未聞」「空前絶後」

【使える例文】彼の破天荒な振る舞いには手が焼ける。

皮算用　かわざんよう

●実現する前から、実現したものとしてあれこれ計算すること。　「胸算用」

【使える例文】発表前から合格祝いを皮算用する。

破廉恥　はれんち

●恥を恥とも思わないこと。道義にはずれた行為をすること。
「厚顔無恥」

【使える例文】スポーツマンにあるまじき破廉恥な行為。

御破算　ごはさん

●今までのことを破棄して、白紙の状態に戻すこと。算盤《そろばん》から。
【使える例文】そんなに嫌ならこの話は御破算にしよう。

赤裸裸　せきらら

●丸裸。包み隠しのないさま。あからさま。ありのまま。
【使える例文】記者は二人の関係を、赤裸裸にあばいた。

間一髪　かんいっぱつ

●物事が非常に緊迫して、差し迫った瞬間。危うくセーフの状況。
×「間一発」としない。
【使える例文】突然の地震だったが、間一髪助かった。

紙一重　かみひとえ

●ほんのちょっとした差。紙一枚がやっと入るわずかな隙間。

【使える例文】合格レベルの受験生の実力の差は紙一重だ。

閑古鳥　かんこどり

●商売などが暇ではやらないこと。

【使える例文】この不況で、どの店も閑古鳥が鳴いている。

風見鶏　かざみどり

●周りの状況変化に応じて、態度をくるくる変える人。「付和雷同」「内股膏薬」

【使える例文】常に旗色のいい方にいる彼は、まさに風見鶏だ。

一辺倒　いっぺんとう

●一つのことだけに傾倒すること。他のことには目もくれない。「猪突猛進」

【使える例文】勉学一辺倒だった人が、突如おしゃれに目覚める。

金輪際　こんりんざい

●絶対にどんなことがあっても。

「絶対」「一際」
否定の表現で使う。

【使える例文】金輪際、夜ふかしをするのはやめよう。

紅一点　こういってん

●男性の中にいる、ただ一人の女性。一つだけ異彩を放つもの。

【使える例文】サッカー部で紅一点の美人マネージャー。

硬骨漢　こうこつかん

●意志や信念が強く、権力や不正に屈しない男。

「志操堅固」「堅忍不抜」
「秋霜烈日」

【使える例文】彼は真面目な硬骨漢だ。

天邪鬼　あまのじゃく

●人にさからう。ひねくれ者の意味。

【使える例文】彼女は天邪鬼だから、友達がいない。

青二才　あおにさい

●経験が乏しく、世間知らずの若者を皮肉った表現。

【使える例文】あんな青二才には任せられない。

鉄面皮　てつめんぴ

●面《つら》の皮が鉄のように厚い、図々しい人。厚かましい。

「厚顔無恥」

【使える例文】仲違《なかたが》いした友人が、鉄面皮にも金を借りに来た。

高飛車　たかびしゃ

●相手を威圧的に押さえ付けようとする攻撃的な態度。

「居丈高」

【使える例文】そんな高飛車な態度では、誰からも嫌われる。

唐変木　とうへんぼく

●気がきかない人や偏屈な人。へそ曲り。とんまで間抜けな人。

「頑迷固陋《がんめいころう》」

【使える例文】あんな唐変木が相手では、話し合いにならない。

昼行灯
ひるあんどん

読みに注意。

●昼間にともる行灯のように、何の役にも立たない人。

【使える例文】彼は昼行灯と言われている。

最高潮
さいこうちょう

「クライマックス」

●緊張や興奮が、最も高まった状態。

【使える例文】舞台は最高潮に達した。

殺風景
さっぷうけい

●風景に変化と生彩がなく、趣の乏しいさま。無風流。

【使える例文】彼の殺風景な部屋。

直談判
じかだんぱん

「直談」「直訴」

●当事者同士が、直接話しあうこと。直接交渉。

【使える例文】先方の代表宅まで直談判に押しかける。

氏素姓　うじすじょう

●家柄や生い立ち。氏素「性」とも書く。出自をいう。

【使える例文】氏素姓も知れない相手とは結婚させない。

大御所　おおごしょ

●その道の権威者として広く認められ、力をもっている人物。

【使える例文】彼は文壇の大御所であった。

急先鋒　きゅうせんぽう

●先頭に立って最も勢いよく主張し、行動すること。　「破竹の勢い」「実践躬行《きゅうこう》」

【使える例文】改革の急先鋒となって、人を率いる。

音沙汰　おとさた

●「沙汰」は話題になること。便り、消息、うわさ等がない。　「御無沙汰」

【使える例文】中学時代の友人は、卒業以来音沙汰がない。

四天王
してんのう

●ある分野で特にすぐれている四人のこと。持国天、増長天、広目天、多聞天の四天。

【使える例文】彼はわが道場の四天王の一人である。

守銭奴
しゅせんど

●金に執着し、貯金を楽しみとする。けち。

【使える例文】吝嗇《りんしょく》な彼はみんなから守銭奴と言われている。

外連味
けれんみ

●演劇で、俗受けを狙った演出や演技。ごまかしやはったり。読みに注意。

【使える例文】彼女の外連味のない素直な態度。

蜃気楼
しんきろう

●自然現象。「ありもしないもの」のたとえで使われる。実在しないものが、実際あるかのように見える。

走馬灯　そうまとう

●影絵の仕掛けがある回り灯籠。思い出される事柄の意で使う。
【使える例文】若い頃のことが、走馬灯のようによみがえった。

後日談　ごじつだん

●ある事柄が済んだ後の話。その後どうなったかについての話。
【使える例文】これは、後日談だが。

正念場　しょうねんば

●歌舞伎で主役が演じる上での最も大切な場面。勝負どころ。
【使える例文】ここが正念場だから、頑張ってください。

真骨頂　しんこっちょう

●本来備わった、ほんとうの価値。真価。本当の姿。
【使える例文】大会で彼は真骨頂を見せた。

十八番　おはこ

●歌舞伎十八番、市川團十郎《だんじゅうろう》のお家芸。転じて、得意芸のこと。読みに注意。

【使える例文】この歌は、彼の十八番だ。

神通力　じんつうりき

●人間の能力を超えた、神がかり的な力のこと。「千里眼」

【使える例文】妻の神通力の前に、浮気もばれてしまった。

短兵急　たんぺいきゅう

●出し抜けに行動を起こすさま。いきなり。

【使える例文】短兵急な行動は失敗のもと。

出鱈目　でたらめ

●筋道、道理にかまわず勝手なことをいったりするさま。いい加減で筋の通らないこと。「荒唐無稽」

登龍門　とうりゅうもん

●立身出世や成功のための関門。

【使える例文】芥川賞は、文壇への登龍門になっている。

独擅場　どくせんじょう

「独壇場《どくだんじょう》」

●独占的に思いのまま振る舞える活躍の場。一人舞台。

【使える例文】この問題では、彼の独擅場になる。

土壇場　どたんば

「瀬戸際」「間際」「危機一髪」「間一髪」

●せっぱつまった場面。最後の勝負どころ。

【使える例文】土壇場に追い込まれた。

長丁場　ながちょうば

●もとは長い旅という意味。一つの仕事に時間がかかること。

【使える例文】この仕事は長丁場になる。

五月雨　さみだれ

●①梅雨。陰暦の五月ごろに降り続く長雨。②少しずつ繰り返すように行なう様子。

「五月雨的に」読みに注意。

表沙汰　おもてざた

●隠しておくべきことが、世間に知れ渡ってしまうこと。

【使える例文】政財界の癒着が表沙汰になる。

「沙汰」は、事件・行為。

下馬評　げばひょう

●乗馬しない者の評価。局外者の当て推量。世間の評判・うわさ。

【使える例文】下馬評では、阪神の優勝らしい。

生一本　きいっぽん

●純粋なこと。また、一途に物事に打ち込んでいくさま。

【使える例文】彼女は陸上競技に生一本に打ち込んでいる。

「清廉潔白」「謹厳実直」

好好爺　こうこうや

●やさしくて気のいいお爺さん。お人好し。
【使える例文】往年の鬼校長もすっかり好好爺になった。

月桂冠　げっけいかん

●古代ギリシアで、競技の優勝者に与えられた月桂樹で作った冠のこと。転じて、名誉や名誉ある地位。

内弁慶　うちべんけい

●家では威張っているが、外へ出ると意気地がないこと。
【使える例文】弟は内弁慶で、外ではすぐ泣く。

太公望　たいこうぼう

●釣り好きの人。周の文王が「太公（父）が望んでいた人」として迎えた人物が、出会った時に釣りをしていた故事から。

醍醐味
だいごみ

●何ものにも代えがたい深い味わいや楽しさ。

【使える例文】これが歴史小説の醍醐味だ。

「醍醐」は乳でできた甘い食物のこと。

駄洒落
だじゃれ

●つまらない洒落。「駄」は、粗末なもの、無駄なものの意味。

【使える例文】国語の先生はつまらない駄洒落を飛ばす。

×「駄酒落」

立往生
たちおうじょう

●立ったまま死ぬ意味から、行きづまって動けない状態。

【使える例文】吹雪で車が立往生してしまった。

「弁慶の立往生」

断末魔
だんまつま

●死に際の苦しみ。

【使える例文】男は断末魔の叫びをあげた。

付焼刃　つけやきば

●一時の間にあわせに覚えること。にわか仕込み。　「耳学問」

【使える例文】 付焼刃の知識では、入試を突破できない。

三羽烏　さんばがらす

●三人の優秀な人物。　「四天王」

【使える例文】 日本体操競技陣の三羽烏が、上位を独占した。

8章

マスターしておきたいことわざ・慣用句

●正確な意味を理解できるかがポイント

関連で覚えることわざ・慣用句

◉百聞は一見に如かず⬇他人の話を百回聞くよりも、自分の目で一度で見たほうがよく分かる。
【同】◉論より証拠
※最重要の二つは必ずセットで覚えておくこと。

◉五十歩百歩⬇物事には少しばかりの違いはあっても、大きな違いはない。
【同】◉大同小異

◉豆腐に鎹《かすがい》⬇いくらやっても効果や反応がなく、無駄であること。
【同】◉暖簾《のれん》に腕押し　◉糠《ぬか》に釘
※この三つを必ずセットで覚えておく。

◉弘法も筆の誤り⬇その道の達人にも間違いはあるものだ。
【同】◉河童の川流れ
【同】◉猿も木から落ちる　※この三つをセットで覚えよう。

◉最重要　●重要

◉郷に入っては郷に従え⬇その土地の風俗習慣に従って行動するのが良い。
◉旅の恥はかきすて⬇旅先ではどんな恥ずかしいことをしてもその場限りだ。
※「旅」に関連するテーマによく出るワード。

◉馬の耳に念仏⬇いくら意見しても効き目がないこと。
【同】◉「犬に論語」
【同】◉「馬耳東風」
◉猫に小判⬇値打ちのあるものでも、その値打ちのわからないものには価値がない。
◉釈迦に説法⬇知り尽くしている人に不必要なことを教えること。
◉猫にかつおぶし⬇好物。あやまちの起きやすいこと。

◉井の中の蛙⬇見聞が狭く世の中を知らないこと。
【同】◉針の穴から天井を覗く⬇見識が狭いのに大きなことを論ずること。

◉羹《あつもの》に懲《こ》りて膾《なます》を吹く⬇一度の失敗に懲りて必要以上に用心深くなってしまうこと。
【反】◉喉元すぎれば熱さを忘れる

●紺屋《こんや》の白袴《しろばかま》⬇専門家ほど、案外実行が伴わないものだ。紺屋は「こうや」とも。
【同】◉医者の不養生　◉坊主の不信心

●灯台下《もと》暗し⬇身近なことはかえってわからないものである。

◉餅は餅屋⬇ものごとは、その道に通じている専門家に任せるのが良い。
●蛇《じゃ》の道はへび⬇専門家や経験者は、その世界のことに詳しい。

◉漁夫の利⬇争いに乗じて、第三者が利益をしめること。
◉他山の石⬇他人のことを教訓とすること。
◉対岸の火事⬇自分には直接関係のない出来事。他人事。
※類語の「傍目八目《おかめはちもく》」なども「第三者」に関連するワード。

◉あばたもえくぼ⬇好きな人に対しては、欠点までも美点に見えること。
◉蓼《たで》食う虫も好きずき⬇人の好みはさまざま。
●坊主憎けりゃ袈裟《けさ》まで憎い⬇相手が憎いと、相手にかかわるすべての物まで憎くなる。

◉**渡りに船**⬇よいタイミングで、機会を得ること。
◉**棚から牡丹餅**《ぼたもち》⬇思いがけない幸運にあうこと。
●**瓢簞**《ひょうたん》**から駒がでる**⬇思ってもみなかったことが本当に実現すること。

◉**朱に交われば赤くなる**⬇人は友達や環境によって良くも悪くもなる。
◉**門前の小僧、習わぬ経を読む**⬇環境や周囲の影響が大きいこと。

◉**提灯**《ちょうちん》**に釣鐘**⬇つり合わぬこと。
【同】●**月とすっぽん**
※「月夜に提灯」は、あっても無用なもののこと。

●**船頭多くして、船、山にのぼる**⬇指図をする人が多くてものごとが誤った方向に進むこと。
●**三人よれば文殊の知恵**⬇一人では無理でも、三人集まれば名案が得られる。
※文殊は、仏さまのこと。

●**嘘も方便**⬇物事を円満に運ばせるために、時には嘘も許される。
●**うそから出たまこと**⬇まさかと思っていたことが事実となること。
※ことわざでは、うそは必ずしも悪い意味ばかりではない。

●**案ずるより生むが易し**⬇あれこれ心配するより、実行すれば簡単に済むものだ。
●**石橋を叩いて渡る**⬇注意深く、慎重に物事にあたること。
【同】●**念には念をいれよ**

●**溺れるものは藁《わら》をもつかむ**⬇危難にあったときは、普段は役に立たないものまでも頼ってしまう。
●**苦しいときの神だのみ**⬇苦しくなると、日頃信じてもいない神仏にまで助けを願う。

●**ごまめの歯ぎしり**⬇力の足らぬ弱者が、いくら憤慨してもどうにもならない。
【同】●**犬の遠吠え**

身体に関することわざ・慣用句

目のワード

●**鬼の目にも涙**⬇無慈悲な者にも一面の情があること。
●**壁に耳あり障子《しょうじ》に目あり**⬇秘密はとかくもれやすいという教え。
◎**目には目を**⬇相手に同じ仕返しをすること。
●**目が利く**⬇鑑識力がある。目が高い。
●**弱り目に崇り目**⬇困った時に更に困ったことが起きること。【同】●**泣きっ面に蜂**
●**目が肥えている**⬇多く見て鑑識力がある。
●**目がない**⬇①非常に好む。②鑑識力がない。
●**目から鼻へ抜ける**⬇聡明である。
●**目で殺す**⬇色目を使って悩殺する。
●**目に余る**⬇程度がはなはだしくて無視できぬさま。
●**目に角を立てる**⬇怒った目つきをする。
●**目に物見せる**⬇ひどい目にあわせる。
●**目も当てられぬ**⬇ひどくて正視できない。

●目を疑う➡びっくりするほど意外。
●目を奪う➡あまりのすばらしさに驚く。
●目を盗む➡隠れてひそかに行動する。「人目を盗む」
●目を掠《かす》める➡隙《すき》をうかがう。
●目を皿にする➡目を大きく見ひらく。
●目を三角にする➡怖い目つきをする。
●目をつぶる➡①死ぬ。②そしらぬふりをする。
●目をはばかる➡人に見られることを恐れる。
●目を光らす➡きびしく見張る。
●目を細める➡うれしさにほほえむ。
●目糞鼻糞を笑う➡自分の欠点や短所に気付かずに、他人のそれを笑うこと。

鼻のワード

●鼻が高い➡得意になる。自慢すること。
●鼻であしらう➡冷たい態度をとる。
●鼻で笑う➡馬鹿にすること。軽蔑して笑う。

●鼻にかける⬇自慢する。高慢な態度。
●鼻につく（付く）⬇飽きてきていやになる。
●鼻をつく（突く）⬇においがきついこと。
●鼻を明かす⬇だしぬいて驚かせる。
●鼻を折る⬇慢心をくじく。恥をかかせる。
●鼻つまみ⬇きらわれ者。

口のワード

●口が奢《おご》る⬇美食に慣れる。
●口が堅い⬇秘密を堅く守ること。
●口が酸っぱくなる⬇くり返して何度も言う。
●口がすべる⬇言ってはならないことをつい言ってしまう。
●口が減らない⬇口が達者である。
●口にのぼる⬇①口にすること。②うわさされる。
●口は重宝⬇口先だけでなら、何でも言える。
●口八丁手八丁⬇ことばも行動も達者である。

●口をそろえる⬇みんなが同じことを言う。
●口をぬぐう⬇知らぬふりをする。
●口を割る⬇白状する。

耳のワード

●耳が痛い⬇弱点をつかれて、聞くのがつらい。
●耳が肥える⬇音楽をよく聴き分ける。
●耳が早い⬇情報などをすばやく聞きつける。
●耳にたこができる⬇同じことを何度も言われて、聞き飽きてしまう。
●耳を疑う⬇自分の聞いたことが信じられない。
●耳を貸す⬇相手の話をよく聞く。
◉耳をそろえる⬇借金などのお金の金額をきちんとあわせる。

手のワード

●手が焼ける⬇めんどうを見るのに苦労する。

●手に汗を握る⬇興奮や不安のために緊張すること。
●手に余る⬇自分の力では及ばない。
●手をあげる⬇①暴力をふるう。②降参する。打つ手がない。「もうお手上げだ」
●手を切る⬇相手との関係を断ち切ること。
●手をこまねく⬇何もできずに、傍観すること。
●手を濡らさない⬇自分は少しも手を下さない。

足のワード

●足がつく⬇逮捕や発見のいとぐちになる。
●足が出る⬇赤字になる。
●足が早い⬇売れ行きがよい。
●足が棒になる⬇歩き回って、足が疲れること。
●足を洗う⬇やくざや暴力団などの悪い世界から抜け出る。
●足を奪う⬇交通の手段を奪う。「大雪のために、通勤者の足が奪われた」
●足をすくう⬇すきにつけこみ失敗させる。
●足を引っぱる⬇他人の仕事をさまたげる。

●足をのばす⬇①くつろぐ。②遠くへ行く。
●足を向けて寝ない⬇恩のある相手への感謝を忘れない。

顔と頭のワード

●頭を丸める⬇出家する。
●顔が立つ／顔を立てる⬇世間への面目が立つ。
●顔に泥をぬる⬇面目をつぶす。
●顔を貸す⬇頼まれて相談にのる。
●頭角を現す⬇きわだって勝れて見えること。
●頭隠して尻隠さず⬇悪い点を一部隠して、全体を隠したつもりでいること。

腹のワード

●腹が黒い／腹黒い⬇根性が悪い。
●腹が煮える⬇怒りがつよいこと。「腹が煮えくり返る」
●背に腹はかえられぬ⬇今、必要なことのためには犠牲もやむを得ない。

●腹がたつ⬇激怒する。
●腹の皮がよれる⬇大笑いするさま。
●腹を肥やす⬇私利をむさぼる。

その他の身体のワード

●胸に一物⬇心の中に、ひそかに考えることがあること。【同】●胸の内
●胸に落ちる⬇納得がいく。
●尻に敷く⬇相手より優位にたち、わがままをする。
●尻に火がつく⬇物事がさし迫っている。
●尻に帆をかける⬇あわてて逃げだす。
●真綿で首をしめる⬇じわじわと苦しめる。
●へそを曲げる⬇機嫌をそこねる。

指、爪、その他のワード

●爪に火をともす⬇ろうそくの代わりに爪に火をともすほどけちな人。

●**爪の垢《あか》を煎《せん》じて飲む**⬇その人にあやかる。

●**爪をとぐ**⬇機会を待ちかまえている。

●**指をくわえる**⬇①傍観する。②羨望する。③はにかむ。

●**後ろ指をさされる**⬇他人に非難される。咎《とが》められる。

●**歯に衣《きぬ》着せぬ**⬇思ったままを無遠慮に言うこと。

●**物言えば唇寒し秋の風**⬇余計なことを言うと、災いが残って困ることになる。

●**指弾する**⬇指摘して、追及する。

動物・植物のことわざ・慣用句

犬と猫のワード

●飼い犬に手を噛まれる➡面倒を見てやった目下の者から裏切られること。
●犬と猿➡仲の悪いたとえ。
●犬の遠吠え➡臆病者がかげで威張る。
●犬も食わぬ➡まったく相手にされない。「夫婦喧嘩は犬も食わない」
●犬死にする➡無駄に死ぬ。
●猫の手も借りたい➡非常に忙しい状態。
●猫の額➡面積が狭いこと。「猫の額のような庭」
●猫の目➡たえず移り変わる。「猫の目のように変わる」
●猫も杓子《しゃくし》も➡何もかもすべて。
●猫をかぶる➡本性をかくして上品ぶる。

ねずみのワード

◉窮鼠《きゅうそ》猫を噛む⬇追い詰められると、弱いものでも強い相手に死に物狂いで立ち向かう。

◉大山鳴動して鼠一匹⬇大騒ぎしたが、結果はごく小さいものであった。

猿のワード

◉猿も木から落ちる⬇その道の達人にも失敗はあるということ。

◉犬猿の仲⬇犬と猿のように仲が悪いこと。

馬のワード

◉馬脚をあらわす⬇隠していたことが露見する。

●馬の骨⬇素性のわからぬ者をあざける語。「どこの馬の骨かわからない」

●生き馬の目を抜く⬇すばしこくて抜け目がないこと。

●塞翁が馬⬇人生は、よいと思って喜んだ事柄が災いであったり、災いと思って悲しんだことがかえって良い結果となったりするものだ。人生の幸不幸は予測できない。

●**馬子《まご》にも衣装**⬇普段は見栄えのしない人でも立派な着物を着れば立派に見える。

牛のワード

◎**九牛の一毛**⬇多くの中でほんのわずかな、取るに足りないことを言う。

●**牛の歩み**⬇進みぐあいの遅いたとえ。「**牛歩戦術**」

●**鶏口となるも牛後となる勿《なか》れ**⬇大きい集団の後ろにつくよりも、小さい集団の指導者になれ。

◎**角を矯《た》めて牛を殺す**⬇欠点を直そうとするあまり、全体を損なってしまうこと。

◎**牛耳を執《と》る／牛耳る**⬇集団の中心となり、思いのままに率いる。

●**牛のよだれ**⬇だらだら続く。

虎のワード

●**虎の子**⬇大切にしているもの。秘蔵の品。

●**前門の虎、後門の狼**⬇ひとつの災いと同時にもう一つ災いが起こること。

【類】●一難去ってまた一難

●**虎穴に入らずんば虎児を得ず**⬇危険を冒さなければ功名を得ることはできない。

⇕君子危うきに近寄らず

鹿のワード

●鹿を追う者は山を見ず⬇一つのことに夢中になっていると、全体をつかむことができなくなる。
●中原に鹿を逐《お》う⬇互いに競争しあって、ある地位を得ようとすること。

狐と狸のワード

●狐の嫁入り⬇日がさしているのに、雨の降るさま。
●狸寝入り⬇眠ったふりをすること。
●捕らぬ狸の皮算用⬇まだ実現していないことを、すでに実現したものとして計算する。

獅子、いたち、河童、亀のワード

●獅子身中の虫⬇味方でありながら仲間に害を与える者という意味。
●いたちの最後っ屁⬇困惑して最後の非常手段を使うこと。

●河童《かっぱ》の川流れ⬇上手な人が失敗をすること。【同】●猿も木から落ちる。
●亀の甲より年の功⬇年長の人の経験に価値があること。

蛙のワード

●蛙の子は蛙⬇凡人の子はやはり凡人だ。⇕鳶が鷹を生む。
●蛙の面に水⬇何を言われても平気でいること。

魚のワード

●水魚の交わり⬇極めて仲の良い交友のこと。『三国志演義』の劉備と諸葛亮の交流から。
◉魚心あれば水心⬇相手にその気持ちがあれば、こちらにも応ずる気持ちが生じる。

◉鰯《いわし》の頭も信心から⬇信じる心があれば、鰯の頭のようなつまらないものでもありがたく見えてくる。
●海老《えび》で鯛《たい》を釣る⬇少しの元手で大きな利益を得ること。
●腐っても鯛⬇元がよいものは、衰えても価値があるものだ。
●その手は桑名の焼きはまぐり⬇その手に乗ってだまされたりはしない。

※ここは「食わない」と「桑名」の音を重ねたもの。焼きはまぐりは名物。

蛇のワード

●**藪を突いて蛇を出す**／**藪蛇**《やぶへび》⬇余計なことをして、自分にとって悪い結果を生み出すこと。
●**蛇の生殺し**⬇決着をつけず不徹底な状態。
◉**蛇**《じゃ》**の道はへび**⬇専門家や経験者は、その世界のことに詳しい。

鳥のワード

●**雀の涙**⬇ほんのわずかな量。
●**雀百まで踊**《おどり》**忘れず**⬇幼い頃の習性は年長者になっても変わりにくいものだ。
●**閑古鳥**《かんこどり》**が鳴く**⬇お店などが客入りが悪く、不景気でさびしいさま。
※閑古鳥はかっこうのこと。静かな森で鳴くところから。
●**烏**《からす》**の行水**⬇入浴が短いこと。「烏」の漢字に注意。
●**鶴の一声**⬇権威者の一言で決着がつくこと。
●**はきだめに鶴**⬇その場に不相応に立派な人。

●**雉子《きじ》も鳴かずば打たれまい**➡無用な発言が災難を招くこと。

●**鳩に豆鉄砲**➡驚いて、きょとんとしたようす。

●**鳶《とんび》が鷹を生む**➡平凡な親が立派な子を生む。

⇔蛙の子は蛙

●**鳶に油揚をさらわれる**➡横から大事な物を奪われる。

●**鳥なき里の蝙蝠《こうもり》**➡強い者のいない所で弱い者が勢力をふるうこと。

●**立つ鳥あとを濁さず**➡去り際をきれいにし、あとがきれいなこと。

●**能ある鷹は爪を隠す**➡才能のある人ほどそれをむやみに表面に表さない。

虫のワード

●**一寸の虫にも五分の魂**➡取るに足りない小さなものにもそれ相応の意地がある。

●**蓼《たで》食う虫も好き好き**➡人の好みはさまざま。

植物のワード

●**花より団子**➡見た目の美しさより、実利を取ること。

◉言わぬが花➡はっきり言わないでおいたほうがよい。
●蒔《ま》かぬ種は生えぬ➡何にも手を下さないで、よい結果が得られるものではない。
◉高嶺の花➡いくらあこがれても手に入らぬもの。
●寄らば大樹の陰➡身を寄せるには勢力のある強い者につくと得をする。
●瓜《うり》の蔓《つる》に茄子《なす》はならぬ➡平凡な親から優れた子は生まれない。
【同】●蛙の子は蛙
【反】●鳶《とんび》が鷹を産む
●青は藍《あい》より出でて藍より青し➡弟子がその師より優れていること。「出藍《しゅつらん》の誉」も同意。
※青色は藍から出たが、もとの藍よりも色が濃いというところから。
●栴檀《せんだん》は双葉より芳し➡優れた人は幼いときからその兆しが見えるものだ。
【反】●玉、磨かざれば光りなし
●李下に冠を正さず➡他人から疑われるような行動は慎んで避けるべきである。
※「李下」は、すももの木の下。「瓜田《かでん》に履《くつ》を納《い》れず」も同意。

その他の分類で覚えることわざ・慣用句

悪のワード

●**悪銭身につかず**⬇悪事でかせいだ金はすぐなくなること。
●**盗人を捕らえて縄をなう**⬇いざとなってから準備しても間にあわない。泥縄。
●**毒をくらわば皿まで**⬇一度悪事をしたら、どこまでも悪いことをする。

子どものワード

●**泣く子と地頭には勝てぬ**⬇道理のわからぬ者や権力者と争ってもむだ。
◉**寝た子をおこす**⬇何も知らない者にいらぬ知恵をつける。
※ここでの子供は何も知らない者の意味。

木のワード

●**木で鼻をくくる**➡そっけなく、無愛想に応対すること。
◉**木に縁《より》て魚を求む**➡方法や手段が誤っていて、目的が達成されないこと。
◉**枯れ木も山のにぎわい**➡つまらないものでもないよりましだ、の意。
◉**木に竹をつぐ**➡物事のつながりが不自然なさま。
◉**竹を割ったよう**➡人柄がさっぱりしていること。
◉**木から落ちた猿**➡自分の得意とする道具、技能を失ったら何もできない。
●**うどの大木**➡大きいばかりで役立たぬこと。◉**無用の長物**
●**火中の栗を拾う**➡危険を承知で手を出すこと。

水のワード

●**焼け石に水**➡援助や努力がわずかで、効果があがらない。
◉**覆水盆に帰らず**➡一度起きてしまったことは元へは戻らない。
●**年寄の冷水《ひやみず》**➡年寄が年令に不相応な振る舞いや行動をすること。
●**寝耳に水**➡予期してないことが起こったときの驚きのこと。

●上手《じょうず》の手から水がもれる⬇上手な人でも時には失敗する。
●渇《かっ》しても盗泉の水を飲まず⬇どんなに困窮しても不正なことはしない。
◉水に流す⬇過去にあったことを、すっかり忘れて、無かったことにする。
●水を差す⬇順調な人間関係や物事の進行を邪魔すること。
●氷炭相容れず⬇氷と炭火のように性格がまったく違うために調和しない。
●水と油⬇しっくりと調和しないこと。
●水を打ったように⬇静まり返っていること。
●水清ければ、魚住まず⬇あまりに清廉潔白だと、かえってうとまれる。
【類】●清濁あわせ呑む⬇度量が大きくて、良いも悪いも選ばずに受け入れる。
◉薄氷を踏む⬇危険な状態「**薄氷を踏む思い**」

火のワード

◉火のない所に煙は立たぬ⬇噂が出るからには根拠となる事実があるはずだ。
●火中の栗を拾う⬇危険を承知で手を出すこと。
◉対岸の火事⬇関係がないこと。自分とは無関係。

数字のワード

◉二足の草鞋《わらじ》をはく⬇二つの仕事を兼ねる。

◉二兎追うものは一兎をも得ず⬇一度に多くのことをしようとすると失敗する。

●石の上にも三年⬇辛抱して続けていれば成功する。

●一寸の光陰軽んずべからず⬇人生は短いから、わずかな時間も無駄にできない。

●人の噂も七十五日⬇世間の噂も長くは続かず、いずれは消えてなくなる。

●仏の顔も三度⬇何度も勝手な振る舞いをされたら、どんな温和な人間でも怒りだす。

●三つ子の魂百まで⬇幼ない頃の性質は、年を取ってからも変わるものではない。

地名や場所にちなんだワード

●小田原評定《ひょうじょう》⬇長びいて、なかなか決まらない相談。

■清水《きよみず》の舞台から飛びおりる⬇非常な決心をして物事をするときの気持ち。

●江戸の仇《かたき》を長崎でうつ⬇意外な場所、または筋違いのことで、仕返しをする。

その他の重要なことわざ・慣用句

◎帯に短し襷《たすき》に長し➡どちらにも役に立たず中途半端なこと。
◎雨降って地固まる➡ごたごたが起こったため、かえって以前よりも安定する。
◎身から出た錆《さび》➡自分から招いた不幸。【類】●自業自得
●贔屓《ひいき》の引き倒し➡贔屓しすぎてかえってその人を傷つけてしまうこと。
◎出る杭は打たれる➡人から抜きんでた者は、とかく周囲から憎まれやすい。
◎仏作って魂入れず➡立派なものを作っても、魂（大事なもの）を忘れたら何にもならない。
●笛吹けど踊らず➡手をつくしても人がこちらの思い通りに動かない。
◎習うより慣れろ➡学ぶより実際に体験してやってみるほうが早い。
●衣食足りて礼節を知る➡生活にゆとりができて初めて礼儀や節度が守られる。
●縁《えん》の下の力持ち➡他人のために努力するばかりで、一向に世の中に知られない人。
●待てば海路の日和《ひより》あり➡あせらずにじっと待っていれば、いつかよい機会が訪れる。
◎木乃伊《みいら》取りが木乃伊になる➡他の人を捜しにいった人が逆に探される立場になる。
●病膏肓《やまいこうこう》に入る➡病気が重くなり、治る見込みがないこと。
●昔取った杵柄《きねづか》➡かつて習得したわざは、後々になっても使える。
●情けは人のためならず➡人に情けをかけておけばいつかは自分のためになる。

※逆の意味に勘違いしやすいので、注意。

●生兵法《なまびょうほう》は大怪我のもと⬇未熟者が身のほど知らずのことをすると大失敗をする。

「これだけは」日本語らしいことわざ・慣用句

ここには、中国の故事にちなむものも含まれるが、すべて日本語として用法や意味が定着しているものばかりである。ここに載せた慣用句は最低限度のものとして、マスターしておきたい。

◉伝家の宝刀⬇奥の手。とっておきのわざ。

◉馬脚をあらわす⬇隠していた部分を出してしまうこと。

◉歯牙《しが》にもかけない⬇相手にならないこと。問題にしないこと。

◉象牙の塔にこもる⬇学者が俗世間を離れて研究ばかりしていること。

●破竹《はちく》の勢い⬇勢いが盛んであること。

◉重箱のすみをつつく⬇些細なことまであれこれ指摘すること。

◉語るに落ちる⬇自分が話しているうちに、うっかり真実を語ってしまう。

◉眼光紙背《がんこうしはい》に徹す⬇文章の表面だけでなく、その奥にある深い意味まで理解する。

◉**横車を押す**⬇無理を言って押し通すこと。
◉**拍車をかける**⬇よりいっそう進行を早める。
◉**焦眉《しょうび》の急**⬇眉《まゆ》に火がついたように差し迫っていること。
※「×迫車」と書かないように。
◉**千慮の一失**⬇十分に考え抜いたことにも、わずかな考え漏れがあること。
◉**寸鉄人を刺す**⬇短いが要を得た言葉で、他人の欠点や弱点を言い当てる。
◉**苦肉の策**⬇自分の身を苦しめて敵を欺《あざむ》くこと。
●**肝胆《かんたん》相照らす**⬇心と心とがぴったりあうこと。
●**洛陽の紙価を高める**⬇本が良く売れること。
●**光陰矢の如し**⬇年月の経つのが早い。
●**好事魔多し**⬇良いことには、とにかく邪魔が入りやすい。
◉**鼎《かなえ》の軽重《けいちょう》を問う**⬇権力者の実力を疑い軽視すること。

教養としての四字熟語

著　者　　日本語研究倶楽部
発行者　　真船壮介
発行所　　KK ロングセラーズ
東京都新宿区高田馬場4-4-18　〒169-0075
電話（03）5937-6803（代）　振替 00120-7-145737
http//www.kklong.co.jp

印刷・製本　中央精版印刷（株）
落丁・乱丁はお取り替えいたします。※定価と発行日はカバーに表示してあります。
ISBN978-4-8454-5194-4 Printed In Japan 2024

本書は1998年11月に弊社で出版した新書判を改題改訂したものです。